Robert Macia · Julien Péluchon

Endlich Single!

W0194191

Robert Macia · Julien Péluchon

ENDLICH SINGLE!

Paare aller Länder sprengt eure Ketten!

Aus dem Französischen
von Stephanie Singh

sanssouci

Unser gesamtes lieferbares Programm und
viele andere Informationen finden Sie unter
www.sanssouci-verlag.de

Die französische Originalausgabe erschien 2010
unter dem Titel *Les Invincibles: En finir avec le couple. La méthode miracle* bei Les petits matins / ARTE Éditions, Paris

Copyright © Les petits matins / ARTE Éditions, 2010
Layout der Originalausgabe: Thierry Oziel

1 2 3 4 5 15 14 13 12 11

ISBN 978-3-8363-0297-5
Alle Rechte der deutschen Ausgabe
© Sanssouci im Carl Hanser Verlag, München 2011
Einbandgestaltung: Birgit Schweitzer, München
Satz im Verlag
Druck und Bindung: CPI – Ebner & Spiegel, Ulm
Printed in Germany

Doch jeder tötet, was er liebt. [...]
Der Feigling tötet mit einem Kuss,
Der Kühne greift zum Schwert.

Oscar Wilde

Unser Manifest gliedert sich in drei Teile.
Warum es gerade drei sind und nicht vier oder zwölf?
Ganz einfach, weil hier genau drei wichtige
Punkte zur Debatte stehen:

1. Warum die Partnerschaft abgeschafft werden muss.
2. Wie man aus seiner Beziehung herauskommt.
3. Wie man einen Rückfall vermeidet.

Das musste mal gesagt werden.

INHALT

Teil 1 Warum die Partnerschaft abgeschafft werden muss

Teil 2 Wie man aus seiner Beziehung herauskommt

Teil 3 Single werden und bleiben

Sie sind nicht verliebt – Sie sind **ABHÄNGIG**!
Sie leben nicht in einer Beziehung, sondern in einem Käfig!
Endlich ein Buch, das den Mut hat, die große Lüge, die kollektive Halluzination aufzudecken, dank derer die Fehlkonstruktion namens »Paar« bis heute überleben konnte!
Endlich ein Buch, das uns zeigt, wohin die Partnerschaft schon immer gehörte: ins Grab. Wir zeigen hier, wie das gelingen kann.

- Unsere Methode ist einfach und klar.
- Sie richtet sich vor allem an Menschen um die dreißig (wir erklären später, weshalb), doch sie eignet sich für alle Altersstufen.
- Sie bedarf keines besonderen Talents oder Wissens.
- Sie ist gewaltlos.
- Sie ist garantiert zu 100 Prozent erfolgreich und liefert dauerhafte Ergebnisse.[1]

Wer in einer Beziehung lebt, muss nur dieses Buch lesen, um sich daraus zu befreien. Halten Sie die Lektüre vor Ihrem Partner geheim, um parasitäres Verhalten zu vermeiden.
Wer nicht in einer Beziehung lebt, kann das Buch präventiv lesen und sein Umfeld zur Nachahmung auffordern. Und wenn Ihre Kinder noch keine Beziehung haben, kann dieses Buch sie dauerhaft davor bewahren.
Viel Spaß bei der Lektüre – und verbreiten Sie unsere Botschaft!

1 Sie ist natürlich nur dann dauerhaft erfolgreich, wenn man sich exakt an die Anleitung hält!

1

WARUM DIE PARTNERSCHAFT ABGESCHAFFT WERDEN MUSS

RAUS AUS DIESER HÖLLE

Stellen wir uns vor, ein Mann begegnet eines Abends einer jungen Frau, verliebt sich und schwebt wie auf Wolken.[2] Drei Monate später zieht das frischgebackene Paar zusammen. Das ist der Anfang vom Ende. Von nun an verengt sich der Horizont des Mannes rapide. Er vernachlässigt seine Freunde, wird jähzornig, pedantisch, empfindlich und verändert sich stark. Mit ausdruckslosem Blick schleppt er sich in Filzpantoffeln vom Sessel zum Sofa. Er setzt Hüftspeck an, wird blass und schlaff. Er erträgt kaum noch den eigenen Anblick im Spiegel; er schämt sich. Er ist nicht mehr Herr über sein Leben, seine Sexualität und seine Freizeit. Er verdrängt und grollt. Die Erinnerung an das Leben davor schnürt ihm die Kehle zu. Er fragt sich, ob er eine neue Brille braucht. Die Haare fallen ihm aus. Binnen drei Monaten ist er um ein Jahr gealtert.

STOPP!

2 Wir haben hier die männliche Perspektive gewählt, weil sie in gewissen Punkten passender scheint. Seltsamerweise leben – aus Gründen, die wir später untersuchen – mehr Männer als Frauen in Beziehungen.

Sechs Monate später hat sich sein Zustand weiter verschlechtert. Er trifft sich nur noch mit anderen Paaren. Der Abstieg in die Hölle hat begonnen. Selbst wenn ihm auf der Straße ein hübsches Mädchen zulächelt, kann er sich kaum noch freuen. Langsam kehrt er in den Mutterschoß zurück. Und er hat sich mit seinem Vater versöhnt – weil der plötzlich der Einzige ist, der ihn wirklich versteht. Er leistet immer weniger Widerstand, begehrt kaum noch auf. Auch die Frau an seiner Seite verkümmert langsam. Wo sind nur die leidenschaftlichen Küsse der Anfangszeit geblieben? Wo die Restaurantbesuche und Kinoabende? Die langen Liebesnächte, in denen beide den Körper des anderen erkundeten und gierig dessen Geruch einatmeten? Und jetzt kriegt er keinen mehr hoch.

ES REICHT!

Paare sind alltägliche Katastrophen, über die niemand spricht. Dieser skandalöse Zustand muss ein Ende haben! Jedes Wochenende, in jedem Urlaub und auf jeder Silvesterfeier gibt es neue Opfer. Wie viele von uns trifft es beim Tanzen, bei einem Kuss, wie viele fallen auf eine Berührung oder einen Blick herein? Niemand ist vor solchen unglücklichen Begegnungen sicher: Es kann die Schwester des besten Freundes sein, die einsame Rothaarige an der Bar oder die Unbekannte, die uns um Feuer bittet.

WIR HALTEN DAS NICHT MEHR AUS!

Wer in einer Beziehung lebt und sein Leben betrachtet, merkt unweigerlich, dass er seine Jugendideale Stück für Stück aufgegeben hat. Frei sein, sich nie binden, nie in die Falle tappen – all das scheint ganz weit weg, obwohl man es sich auf dem Weg zur ersten Verabredung fest vornimmt.

Warum lebe ich in einer Beziehung?

Diese Frage quält den Mann aus unserer Geschichte schon seit Tagen, genauer gesagt seit dem letzten Streit über die Frage, wer das Katzenklo sauber macht. Immerhin ist es IHRE Katze – trotzdem muss ER den Kram erledigen. Er fühlt sich krank, schläft schlecht und hat das Gefühl zu ersticken. In letzter Zeit kommt er nur ungern nach Hause; jede Ausrede ist ihm recht, selbst die Abschiedsfeier für den verhassten Kollegen. Ständig surft er auf Partnerbörsen im Internet (oder auf schlimmeren Seiten). Und seine Partnerin? Die starrt sich stundenlang im Badezimmerspiegel an. »Du Arme, ich erkenne dich gar nicht wieder.« Was ist nur passiert?

Bis vor kurzem fand unser Paar seine Beziehung beruhigend, so wie ein altes Kuscheltier oder ein Lieblings-T-Shirt. Sie war zur Gewohnheit geworden, zur sanften Gewalt,[3] um mit Molière zu sprechen. Vor dem Einschlafen war das Paar unzertrennlich: »Du hast kalte Füße«; sie seiften einander den Rücken ein: »So geht das nicht«; gingen zusammen einkaufen: »Hast du die Liste gemacht? Wir vergessen immer die Hälfte«; er zeigte ihr seine neueste Streichholzbastelei: »Immerhin 300 Stunden Arbeit!«; sie gingen gemeinsam ins Kino: »Ich will lieber in den neuen James Bond«; oder sie schauten sich eine DVD an: »*James Bond* oder *Der Duft der grünen Papaya?*«

Beide waren stolz, sich mit dem Partner zu zeigen, Arm in Arm mit ihm zu gehen – wenigstens am Anfang. Sie erzählten einander alles,

3 Molière bezog sich auf die Liebe, nicht auf Paare. Doch ist die Liebe nicht allzu oft das Feigenblatt der Paare?

von der Beförderung über den Hochzeitstag der Eltern bis zum Wiedersehen mit einem Freund oder einer Freundin aus Kindertagen.
All das scheint heute ganz weit weg. Langsam glauben beide, sie seien nur aus Angst vor Langeweile und Einsamkeit mit ihrem Partner zusammengekommen – und dann zusammengeblieben. Und doch halten die Partner krampfhaft an der Beziehung fest; schlimmer noch, sie wollen sie retten. Das Leben als Paar ist für sie gleichbedeutend mit einer bestimmten Qualität, die das Leben davor nicht hatte:

»Ich bin nicht mehr so gestresst.«
Weit gefehlt. Tatsächlich regiert die Angst. Angst, den Anforderungen nicht gewachsen zu sein (vor allem im Bett), zu spät nach Hause zu kommen, die Eltern zu enttäuschen (was natürlich geschehen wird), den Geburtstag des Partners zu vergessen. Erinnern Sie sich an die schöne Zeit, als Sie frei wie ein Vogel waren!

»Die Beziehung gibt mir Selbstvertrauen.«
Ein großer Fehler! Ohne die Meinung des Partners geht nämlich gar nichts mehr: »Wie findest du mein Kleid / meine Krawatte?« Telefoniert der Partner mit einem Ihnen unbekannten Vertreter des jeweils anderen Geschlechts, fragen Sie sofort: »Wer war das?«

»Ich habe ein besseres Bild von mir selbst.«
Schauen Sie mal genau hin: Der Bauchansatz war vorher nicht da. Auch nicht das Doppelkinn oder das berüchtigte *Hüftgold*. Von psychischen Schäden einmal ganz abgesehen. Er oder sie ist zu einer

Art Vater- oder Mutterersatz geworden. Und Sie selbst haben das Gefühl, jemand anderer zu sein.
Tatsächlich beweisen all diese Versuche, an der Beziehung festzuhalten, wie stark diese vom Gefühl der Unsicherheit geprägt ist.

Fazit: Sie haben Schuldgefühle. Es ist Zeit zu handeln!

Nicht vergessen: Es liegt im Wesen des Menschen, heute zu zerstören, was er gestern schuf. Eine Beziehung ist ein erstaunlich effizienter Katalysator für diese natürliche Neigung.

Wer glücklich sein will, lebt allein.

Einige Klischees, über die man nachdenken sollte:

Zu zweit ist das Leben leichter. Eine erstaunliche Behauptung, denn man muss ja alles durch zwei teilen! Freud und Leid. Allerdings wird das Leid nicht geteilt, sondern vervielfacht sich. Die Freuden dagegen halbieren sich.

Mein Partner ist meine bessere Hälfte. Wie wahr! Diese Hälfte nimmt den gesamten Platz im Bett ein.

Mein Partner wird mir im Alter eine Stütze sein. Das stimmt – falls Sie nicht vor ihm sterben.

Eine Partnerschaft ist die Basis der Familie. Müssen wir wirklich noch erwähnen, dass die Scheidungsrate seit Jahrzehnten immer weiter ansteigt?

Dem Partner kann man alles anvertrauen. Vielleicht in den ersten drei Tagen, wobei man vor allem zurückliegende sexuelle Erlebnisse am besten ausspart. Grundsätzlich eher unklug.

Eine Partnerschaft ist die Grundlage des Lebens. Nur wenige Arten leben in Paarbeziehungen. Abgesehen von manchen Vögeln, die allerdings in Käfigen gehalten werden.

Paare tragen zum Gleichgewicht bei. Betrachtet man diese Frage quantenphysikalisch, so hüte man sich vor dem freien Elektron, welches das System garantiert destabilisieren wird.

Das Leben als Paar ist gottgewollt. Jesus hat nie geheiratet oder in einer eingetragenen Partnerschaft gelebt – entgegen der Darstellung von Dan Brown und seinen Nachahmern.

Das Leben als Paar ist also kein unabwendbares Schicksal. Es ist auch keine Schande, eine gewisse Zeit in einer Beziehung zu leben. Da wären Sie nicht das einzige Opfer. Es bringt nichts, sich dauernd zu fragen, wie es so weit kommen konnte. Wichtig ist vielmehr, dass Sie die Augen öffnen und sich der Gefahren bewusst werden. Sobald Sie begreifen, aus welchen Gründen Sie in einer Beziehung leben, werden Sie damit aufhören.

Doch so weit sind wir noch lange nicht.

Ein paar Zahlen zur Beruhigung

In Deutschland

- leben ca. 17 Millionen Singles,[4]
- haben 26 Prozent der Frauen (im Vergleich zu 18 Prozent der Männer) keinen Partner.[5]

In der Europäischen Union

sehen die Statistiken ähnlich aus. Am häufigsten trennen sich Paare in Tschechien und den baltischen Staaten. Gründet diese hoffnungsvolle Entwicklung in der kommunistischen Vergangenheit dieser Länder, deren Einwohner genau wissen, wie das Leben unter der Knute eines Diktators aussieht? Wo Trennungen und Scheidungen erlaubt sind, steigt ihre Zahl beständig an. Zwischen 1980 und 2006 nahm sie pro tausend Einwohner im Schnitt um 1,5 Prozent zu.[6] Die Entwicklung scheint unaufhaltsam. Bewegen Sie sich also wenigstens einmal in die gleiche Richtung wie die Weltgeschichte!

4 Quelle: Statistisches Bundesamt; Zahl bezogen auf 2008.

5 Quelle: Statistisches Bundesamt; Mikrozensus 2005.

6 Quelle: INSEE.

Warum komme ich nicht aus meiner Beziehung heraus?

Ihnen ist klar, dass Sie handeln müssen. Und zwar schnell. Dennoch hält irgendetwas Sie vom entscheidenden Schritt ab. Ihnen ist schlecht, Sie zittern, allein der Gedanke an die Trennung setzt Sie massiv unter Stress.

Der soziale Druck ist hoch. Sie wagen kaum, sich anderen anzuvertrauen. Ihr bester Freund rät, nichts zu überstürzen: »Wo willst du denn wohnen?«; »Das kannst du ihm / ihr nicht antun, nach allem, was Ihr gemeinsam durchgestanden habt.« Selbst Ihre Schwester, die Ihren Partner nie ausstehen konnte, zeigt sich erstaunt. »Ok, er ist ätzend, aber er könnte sich noch als nützlich erweisen«; »Du wusstest doch, dass sie keine Heilige ist«.

Ein Stachel im Fleisch

Selbst Priester, die sich dem Zölibat verpflichtet haben, werden schwach. Priester, die mit ihrer Haushälterin oder einer wohlwollenden Dame aus ihrer Gemeinde fehlgehen, gehören beinahe schon zum guten Ton. Das geht so weit, dass der Vatikan inzwischen überlegt, wie er die zahlreichen Kinder legitimieren kann, die aus diesen sündhaften Verbindungen hervorgegangen sind.[7]

7 In einem Artikel aus *Le Monde* vom 11. August 2008 hieß es: »Der Vatikan überlegt, die Kinder von Priestern anzuerkennen.« Und weiter: »Der Vatikan plant, die Lebensgefährtinnen und Kinder der Priester offiziell anzuerkennen. [...] Im Zuge der Verbreitung der DNA-Tests kann die Kirche nicht tatenlos bleiben.«

Angst vor Ausgrenzung

Sie haben Angst, gesellschaftlich stigmatisiert zu werden? Sie befürchten, die Leute könnten mit dem Finger auf Sie zeigen? Denn ungeachtet der sexuellen Revolution und der wachsenden Zahl der Swingerclubs wird die Partnerschaft in unserer Gesellschaft immer noch überbewertet. Wie früher die Zigarette oder heute das Kokain steht sie für Männlichkeit oder Glamour und vermittelt das Gefühl, zu den *happy few* aus Showbiz und Sport zu gehören.

Man denke nur an die berühmten Liebespaare im Film: Humphrey Bogart und Lauren Bacall, Yves Montand und Simone Signoret, Tom und Jerry und viele mehr. Paare, wohin man blickt: die Eltern, Großeltern, Onkel, Tanten und Cousinen. Alle lebten oder leben noch in einer Beziehung. Ob mit demselben oder einem neuen Partner, ist nicht entscheidend. Wer die Zigarettenmarke wechselt, hört deshalb noch lange nicht auf zu rauchen.

Fragen über Fragen

Sind Partnerschaften erblich? Trägt das Kind bereits die Anlage in sich, selbst Beziehungen einzugehen? Ist es bereits im Mutterleib kontaminiert? Denn es hört ja schon sehr früh die Stimmen beider Eltern: »Schau mal, wie es sich bewegt«; »Ich kann seinen Rücken fühlen«; »Er hat deine Nase«. Und in frühester Kindheit ist es dem Paarleben passiv ausgesetzt. In direkter Weise – es hat Mama und Papa – sowie in indirekter Weise: Der Plüschteddy oder der blaue Stoffhase ist der erste Partner des Kindes, dessen Geruch und weitere Eigenschaften es sich einprägt. Manchmal haben die Kuscheltiere sogar einen Sprachchip. Der Fortschritt ist nicht aufzuhalten.

Ist es genetisch? Gibt es ein Paar-Gen, das uns zum Beziehungsleben prädestiniert? Die Praxis der freien Liebe unter den Bonobos, mit denen wir 98 Prozent unserer Gene teilen, scheint dagegen zu sprechen. Es ist unwahrscheinlich, dass die restlichen zwei Prozent ein Paar-Gen enthalten. In der fernen Vergangenheit, die wir vielleicht mit den Bonobos gemeinsam hatten, beschlossen die Affen, die geringsten Anzeichen sozialer Spannungen durch Paarung mit dem erstbesten Artgenossen zu lösen. Sollten wir ihrem Beispiel folgen?

Ist die Partnerschaft ein rein irdisches Phänomen? Oder tritt sie auch andernorts im Universum auf? Leben die Marsmännchen in Paarbeziehungen? Tim Burton stellt in *Mars Attacks!* ein stark hierarchisiertes matriarchalisches Modell vor, das dem der Ameisen ähnelt und wenig Raum für dauerhafte Paarbildung lässt. Bei Steven Spielberg dagegen kennen die Außerirdischen, die auf der Erde leben, das Konzept des Paares, nehmen einige Paare bei sich auf und scheinen in den höheren Gesellschaftsschichten selbst in Beziehungen zu leben – so wenigstens in der Schlussszene von *Unheimliche Begegnung der dritten Art.*[8]

Zusammengefasst lässt sich – ohne die Gefahr, einer Verschwörungstheorie zum Opfer zu fallen – sagen:

8 E.T. will ständig »nach Hause«. Ist das eine Metapher der Paarbeziehung? Jedenfalls müssen wir annehmen, dass ihn dort oben jemand erwartet.

WIR WERDEN BELOGEN!

Gelogen ist die Behauptung, Partnerschaften erzeugten ein Gleichgewicht, sowohl für den Einzelnen wie auch für die Gesellschaft. Wir müssen uns nicht mit den düsteren Statistiken über häusliche Gewalt oder mit den Problemen einer jeden Beziehung aufhalten, etwa dem Fremdgehen oder den kleinen und großen Lügen: »Natürlich war ich im Büro, wo soll ich denn sonst gewesen sein?« Oder mit dem alltäglichen Hickhack: »Ich habe gestern schon die Spülmaschine ausgeräumt.«

Gelogen ist die Darstellung des Paares als universelles Modell. Alternative Modelle wie etwa das der Bonobos oder anderer Tierarten sind möglich. Die Beziehungen zwischen erwachsenen Menschen müssen sich dauerhaft weiterentwickeln. Über die chemische Komponente der Paarbeziehung sollten wir uns nicht freuen. Wir müssen die sexuelle Befreiung fortführen, die frühere Generationen begonnen haben.

Gelogen ist, was man uns schon in frühester Kindheit und später in der Schule weismachen will, indem man unsere Erziehung ausschließlich auf das Konzept Partnerschaft ausrichtet. Alle Lehrpläne regen zum Erproben dieses Konzepts an – das gilt nicht nur für den Literatur-, sondern auch für den Mathematikunterricht. Wir werden nicht oder kaum vor den Gefahren der Paarbeziehung gewarnt und glauben, uns jederzeit wieder für das Single-Leben entscheiden zu können.

Widerstehen Sie der Versuchung, einfach der Herde zu folgen. Seien Sie kein Schaf. Wehren Sie sich!

PAARE ALLER LÄNDER SPRENGT EURE KETTEN!

ÜBERZEUGENDE GRÜNDE GEGEN EINE PARTNERSCHAFT

Was sie wirklich kostet

Das Paarleben ist im Schnitt doppelt so teuer wie das Leben als Single.[9] Das ist ganz logisch. Man gibt das wenige Ersparte für Dinge aus, die man nicht braucht. Frauen kaufen Unterhosen mit Eingriff, Dutzende Flaschen Aftershave und Krawatten; Männer greifen zu verführerischen Büstenhaltern, hochhackigen Schuhen oder Abendkleidern.[10] Ein Paar zu sein bedeutet: Doppelt so viele Klamotten und Handtücher, eine Wasch- und eine Spülmaschine (letztere ab dem zweiten Jahr), ein oder zwei Geschirrservice, Vorhänge, Rahmen in allen Größen an den Wänden und auf den Kommoden, darunter das unvermeidliche Foto von ihrer Partnerin und deren Ex beim Wanderurlaub, ein oder zwei Katzen (und natürlich das teurere Markenfutter).

9 Und sogar drei- bis viermal so teuer, wenn Dritte (Liebhaber oder Geliebte) hinzukommen. Dann steigen die Restaurant-, Hotel- und Telefonrechnungen.
10 Keineswegs wollen wir Frauen kritisieren, die Unterhosen mit Eingriff tragen – genauso wenig wie Männer, die Reizwäsche tragen. Es geht hier nur um Beispiele.

Es bedeutet auch: Ein größeres Auto (für den geplanten Nachwuchs), doppelt so viele Freunde, die es zu verpflegen gilt (und die meist ihrerseits Partner haben), ungefähr zwanzig Geburtstagsfeiern mehr (von Schwiegereltern über Schul- bis zu Studienfreunden), CDs, die man selbst nie hören würde, DVDs, die man selbst nie ansehen würde, unerträglich riechende Schaumbäder oder Hautstraffungscremes.
Das sollten genug Gründe sein, um Sie bei Ihrer Entscheidung zu unterstützen.

Rechnen Sie nach:

Paarbudget:

+

+

+

+

+

+

+

Insgesamt =

Singlebudget:

+

+

+

Insgesamt =

Überlegen Sie einmal, was Sie sich sonst alles leisten könnten!

Eine Waschmaschine kostet so viel wie

- zehn Discobesuche,
- drei Kleider von Kenzo,
- dreiunddreißig Sixpacks Bier,
- eine Reise nach Cap d'Agde,
- fünfhundert Döner,
- ein kaputter Renault Twingo,
- dreißig Sitzungen im Schönheitssalon,
- vier Sitzungen beim Psychoanalytiker,
- fünf Madonna-Konzerte,
- vierzig Rollmops-Konzerte,
- ein Wochenende bei Relais&Chateaux mit einem Partner ihrer Wahl (natürlich verheiratet),
- einhundertdreißig Schokoladentörtchen.

Andere Gründe, auf eine Beziehung zu verzichten:

- Sie schränkt meinen Lebensraum ein.
- Sie senkt meine Libido.
- Sie erhöht meinen Cholesterinspiegel (dank der ewigen Essenseinladungen bei den Schwiegereltern und zwei Weihnachtsfesten jährlich).
- Sie senkt meine natürlich gute Laune.
- Sie macht mich taub (nach sechs Monaten hören Sie nicht mehr, was Ihnen der Partner am Feierabend erzählt; sie hören weg, wenn es um die Aufteilung der Hausarbeit geht – wenn Sie etwa den Müll hinuntertragen oder den Ton während der Fußballübertragung leiser stellen sollen).
- Sie verringert meine Jagdinstinkte (auf Pornoseiten surfen Sie nur noch heimlich; wenn Ihnen ein attraktiver Mann entgegenkommt, senken Sie den Blick).

Notieren Sie hier Ihre eigenen Gründe:

-
-
-
-

Gründe, ein Paar zu bleiben:

Der Wunsch nach Freiheit

Das Paar: Ein antifreiheitliches Phänomen

Die Paarbeziehung ist eine Aberration, welche nur innerhalb der menschlichen Spezies auftritt. Obwohl schon viele Milliarden Individuen ihr Scheitern demonstriert haben, hat sie die Jahrhunderte überdauert. Weder Kriege noch Krisen konnten sie erschüttern. Dennoch ist sie hochgradig scheinheilig und gefährdet die individuelle und kollektive Freiheit. Sie ist voller Widersprüche und Zwänge und führt zu gesellschaftlichem Rückschritt – auf den Status der Matrone und des römischen *pater familias* müssen wir nicht eingehen. Die Beispiele reichen vom mittelalterlichen Unglück Lancelots, der zugunsten des Königspaares darauf verzichten musste,

sich nach Belieben die Hörner abzustoßen, bis zu den romantischen Irrungen und Wirrungen eines Victor Hugo, der des Ehebruchs bezichtigt wurde.

Berühmte Märtyrer

Ludwig XIV. büßte die Ausschweifungen seiner frühen Regentschaft im Alter durch die Hochzeit mit einer Frömmlerin.
Don Juan kam in die Hölle, weil er seine Eroberungen nicht heiraten wollte.
Stendhal wurde als Konsul in eine unbedeutende italienische Provinz abgeschoben, weil er sich zu sehr für Frauen jeder Provenienz interessierte.
Nicht ganz so lange her:
Die französischen Präsidenten (vielleicht mit Ausnahme von Charles de Gaulle).
JFK, dessen tragisches Schicksal uns allen bekannt ist.
Marianne Faithfull, die den Rolling Stones zum Fraß vorgeworfen wurde.
Dominique Strauss-Kahn, der den Amerikanern zum Fraß vorgeworfen wurde.
Sie, ich, wir alle, Männer und Frauen, die sich abrackern, um dieses diktatorische System zu bezwingen.

Aus moralischer Sicht steht die Paarbeziehung im Widerspruch zu den republikanischen Werten der Freiheit, Gleichheit und Brüderlichkeit. Sie ist eine unerträgliche Einschränkung unseres Entfaltungsdrangs, und sie verschont niemanden – außer vielleicht einige wenige Künstlertypen, aber um welchen Preis! An dieser Stelle sollten wir Tim von *Tim und Struppi* würdigen, der in seiner gesamten Laufbahn niemals den Versuchungen einer Beziehung erlegen ist.[11]

In einer Partnerschaft wird immer diskriminiert

Sowohl aus der Perspektive der Spezies wie auch des Individuums ist die Paarbeziehung ein Kriegsschauplatz, auf dem uneingeschränkt das Recht des Stärkeren gilt.

Ein Avatar der natürlichen Selektion?

Studien belegen, dass ein Mann umso höhere Chancen hat, in einer Beziehung zu leben, je größer er ist. Die Frau ist durchschnittlich zwölf Zentimeter kleiner als ihr Partner. Nach dem gleichen Prinzip gilt: Je schöner oder reicher jemand ist, umso eher riskiert er eine Partnerschaft.[12] Können wir uns mit dem Gedanken zufriedengeben, dass der Tyrannei des Beziehungslebens nur entgeht, wer klein, hässlich und arm ist?

Die Partnerschaft ist der Abklatsch einer Republik, denn nur der ist »gleich«, der an der Macht ist. Nur er entscheidet über das nächste Urlaubsziel (»Wir fahren zu Mama, wie immer.«), über die Farbe des Teppichs (»Gefällt dir das Rosa nicht?«), über die beste Staubsaugetechnik (»Schön ordentlich unter den Stühlen saugen«.

Die Partnerschaft ist der Abklatsch einer Republik, denn nur der

11 Es wäre unangemessen, Struppi oder Kapitän Haddock als Ersatzfiguren für Sexualpartner zu interpretieren.

12 Quelle: INSEC.

Einige Zahlen zur Diskriminierung innerhalb der Partnerschaft

Der Einfluss der Körpergröße auf die Partnerschaft: Unter den Männern zwischen 20 und 30 Jahren leben 47 Prozent der über 1,80 Meter großen Personen in einer Partnerschaft – gegenüber 41 Prozent der Männer, die zwischen 1,70 und 1,80 Meter groß sind. Von den Männern zwischen 30 und 40 Jahren leben 75 Prozent des Größenspektrums zwischen 1,70 und 1,80 Meter in einer Beziehung. Bei den Männern unter 1,70 Meter sind es nur 60 Prozent. Frauen bevorzugen also größere Männer. Umgekehrt scheint die Größe bei der männlichen Partnerwahl keine Rolle zu spielen. Es genügt, dass die Frau kleiner ist – obwohl 99 Prozent der Männer von endlos langen Beinen träumen.

Der Einfluss der Schönheit auf die Partnerschaft: 95 Prozent der Menschen finden ihre Partner bei der ersten Begegnung schön. Mit der Zeit verschwindet dieses Gefühl, und zwar nicht nur, weil der Partner langsam einen Bauch oder einen Hängebusen bekommt. 100 Prozent hüten sich vor allzu attraktiven Partnern. Entweder sie glauben, selbst nicht in dieser Liga zu spielen (78 Prozent), oder sie befürchten, bald wieder alleine dazustehen (95 Prozent).

Der Einfluss der gesellschaftlichen Stellung auf die Partnerschaft: Weil ihr gesellschaftlicher Status höher ist und sie den Durchschnitt der Männer auch körperlich überragen (um etwa 3,2 Zentimeter), laufen leitende Angestellte oder in der freien Wirtschaft tätige Männer eher Gefahr, in einer Partnerschaft zu leben, als beispielsweise Arbeiter oder Landwirte.

Immerhin: Weil diese gesellschaftlichen Barrieren bestehen, gibt es nur ein geringes Risiko, dass der eigene Partner nicht aus der gleichen sozialen Schicht stammt wie man selbst.

Diese wissenschaftlichen Erkenntnisse zeigen, dass kleine, schrecklich hässliche oder unglaublich schöne, arme Menschen mit einfacher Ausbildung ein geringeres Risiko haben, in einer Beziehung zu landen.

kommt in den Genuss der Brüderlichkeit, der das Sagen hat. Versuchen Sie doch als Mann einmal, Fußball zu gucken, oder als Frau, abends mit Ihren Freundinnen auszugehen. Beides ist nur nach endlosen Verhandlungen möglich, die einem sozialistischen Kongress zur Ehre gereichen würden. Und keine Diskussion ist die letzte Diskussion.
Die Partnerschaft ist der Abklatsch einer Republik, denn nur der Trickreichste genießt in ihr Freiheiten. Bringen Sie doch einmal probehalber Ihre Geliebte oder Ihren Liebhaber mit nach Hause!

Sklaverei im Haushalt

Seit unserer Zeit als Höhlenbewohner hat sich die Aufteilung der Hausarbeit kaum weiterentwickelt: Sie fällt gänzlich der Frau zu. Mit wenigen Ausnahmen, quasi den kümmerlichen Überbleibseln der feministischen Bewegung der 1970er Jahre.
Die Partnerschaft ist ein Raum permanenter Zugeständnisse. Federbett oder Tagesdecke? Pizza oder Quiche? Auto oder Fahrrad? Vom ewigen Drama um die Klobrille ganz zu schweigen: »Klapp sie doch herunter, wenn du gepinkelt hast!« Solche Kleinigkeiten vergiften auf Dauer das ganze Leben.

Fazit: Die Vorteile des Single-Lebens

- Als Single habe ich einen größeren Lebensraum.
- Als Single ist meine Libido höher.
- Als Single habe ich einen niedrigeren Cholesterinspiegel (weil ich mich von Salat oder kalten Nudeln ernähre).
- Als Single bin ich gut gelaunt.
- Als Single höre ich besser (endlose Gespräche in der Kneipe, alte

Lieblings-CDs, mein fröhliches Pfeifen, während ich den Müll hinuntertrage).

- Als Single stehe ich zu meinen Jagdinstinkten (ich verstecke meine Pornos nicht mehr im Kleiderschrank; beim Anblick eines hübschen Mannes lächele ich).

PARTNERSCHAFT UND GESUNDHEIT

Unerwünschte Nebenwirkungen

Eine Paarbeziehung ist schlecht für die Gesundheit, und zwar von Anfang an. In einer Beziehung übernimmt die Liebe die gleiche Funktion wie die Anästhesie bei einem chirurgischen Eingriff.[13] Hier wie dort begreift der Patient seinen Zustand oft erst, wenn die unerwünschten Nebenwirkungen auftreten: Euphorie oder Angstzustände, Stimmungsschwankungen, Kopfschmerzen (bei Frauen: Migräne), das Gefühl, nicht verstanden zu werden und tiefe Frustration – letztere vor allem dann, wenn Ihr Partner immer häufiger ohne Grund spät nach Hause kommt.

Wer den Feind besiegen will, muss ihn zunächst verstehen

Man unterscheidet zwei Arten unerwünschter Nebenwirkungen:

1) Eine geistige Entfremdung, die sich vor allem am Anfang einer Beziehung zeigt.
2) Eine physische Entfremdung, die erst nach längerer Beziehungsdauer auftritt und in einigen Fällen chronisch wird.

13 Und handelt es sich nicht tatsächlich um eine Art Amputation?

Die geistige Entfremdung

Wer kennt sie nicht, diese beunruhigende Schwächung seiner geistigen Fähigkeiten in den ersten Wochen einer Beziehung? Die allgemeine Verblödung – von Floristen begrüßt, von der Umgebung belächelt – wird begleitet von:

- Wortfindungsschwierigkeiten, insbesondere bei der Deixis, wenn also der Partner beschrieben werden soll: »mein Hase«, »mein Schatz«;
- Gedächtnisproblemen, speziell dem Vergessen der vorangegangenen, logischerweise unschönen Erfahrung;
- dem Gefühl, auf Wolken zu schweben, sowie dem Gefühl der Persönlichkeitsverdopplung (ich bin sie, sie ist ich);
- Überempfindlichkeit, die einen ohne erkennbaren Grund in Tränen ausbrechen oder Lachkrämpfe bekommen lässt;
- einem tiefen Gefühl der Abhängigkeit.

Die geistige Entfremdung kann sich bis über die ersten Jahre der Beziehung ausdehnen und erreicht schließlich ein kritisches Stadium, geprägt von bildarmer, radikaler Sprache (»Vollidiot«, »Schlampe«), bedrohlichem meteorologischem Umfeld (die rosa Wölkchen haben sich in schwarze Cumulonimbus-Wolken verwandelt) und einer noch stärkeren Tendenz zur Persönlichkeitsverdopplung oder -vervielfachung (in Gestalt von Kindern und / oder Geliebten bzw. Liebhabern).

Sie sind jetzt also völlig hinüber.

Die körperliche Entfremdung

Mit der Zeit treten verschiedene Symptome auf: Sehstörungen (der ehemals schöne Partner erscheint immer hässlicher, in Extremfällen sogar abstoßend); Geruchsstörungen (unter den Achseln des Partners roch es immer gut, plötzlich riecht es dort nach Aas); Schwächung des Willens (erst nimmt man sich zugunsten des anderen zurück; und dann gibt es kein Zurück mehr); Sexualstörungen (aus dem vorzeitigen Samenerguss und einvernehmlichen Verzicht auf den Orgasmus bei den ersten gemeinsamen sexuellen Erlebnissen wird das umgekehrte Phänomen).

Partnerschaft ist eine Sucht

Die Gefühle[14] gegenüber dem Partner ähneln der Funktion des Nikotins in Zigaretten: Beide erhöhen die Konzentration von Dopamin (einem starken Neurotransmitter) in jenen Zonen, welche die Neurologen so schön als »Belohnungszentrum« oder »Lustzentrum« bezeichnen.

Partnerschaft macht selbst in moderaten Dosen süchtig. Und zwar von der ersten Beziehung an, selbst wenn diese unglücklich endet. Unterschätzen Sie diese Gefahr nicht! Sie ist eine Tatsache, auch wenn die Gesundheitsbehörden sie herunterzuspielen versuchen. Wie beim Rauchen kommt der Tag, an dem man Gegenmaßnahmen ergreifen muss. Deshalb wollen wir mit dem Manifest die schwächsten unter uns für diese Problematik sensibilisieren und auf Präventionsmöglichkeiten hinweisen – vor allem die Jugendlichen, die immer auf der Suche nach neuen Erfahrungen sind. An sie wenden wir uns mit pädagogischer Absicht. Übrigens scheint Mutter Natur sie mit einem natürlichen Schutz gegen die Partnerschaft gesegnet zu haben: der Akne.

Die Partnerschaft ist eine harte Droge. Sie ist auch deshalb besonders gefährlich, weil sie so weit verbreitet und leicht zu beschaffen ist. Eine Droge, die jedes Jahr zahlreiche Opfer fordert. Jedes Jahr verfallen ihr aufs neue viele Millionen Menschen.

14 Das können positive oder negative Gefühle sein. Denn nicht nur die Liebe verbindet zwei Menschen. Auch Hass oder Lust tun das.

Einige Zahlen, die Angst machen

- 70 Prozent aller Erwachsenen leben in einer Partnerschaft.
- 83 Prozent aller in einer Partnerschaft Lebenden sind verheiratet.[15]
- Im Durchschnitt heiraten Männer mit 31 Jahren, Frauen mit 29.
- Unter den über 25-Jährigen beider Geschlechter lebt jeder zweite in einer Partnerschaft, bei den über 32-Jährigen sind es drei von vier.

Etwas Hoffnung spendet die Tatsache, …
dass nur 0,6 Prozent der Jugendlichen zwischen 15 und 19 Jahren in einer Beziehung leben (und nicht verheiratet sind).

15 Die Ehe wird hier als Epiphänomen der Partnerschaft begriffen.

ERFAHRUNGSBERICHTE

»Es ist absurd. Wirklich absurd. Wie Sisyphos endlos versucht, seinen blöden Stein den Berg hochzuschieben, mühen wir uns ab, in einer Beziehung zu leben. Wie seltsam wir doch sind! Wenn man die Finger in die Steckdose hält, macht man das Gleiche doch nicht ein zweites Mal unter der Annahme, dass der nächste Stromstoß bestimmt sehr angenehm wird. Denn man hat ja etwas gelernt. Ganz logisch. Aber mit der Partnerschaft ist es, also könnte man einfach nicht aufhören, als lernte man auf diesem Gebiet gar nichts dazu. Man sagt sich: ›Vielleicht habe ich mehr Glück als die anderen, vielleicht klappt es bei mir besser. Nächstes Mal wird es bei mir gut gehen.‹ Und man rennt sehenden Auges ins Unglück. Ich sage ja, es ist absurd. Hoffen lässt allein der freie Wille. Wir sind alle frei und können jederzeit aufhören. Es ist nie zu spät.«

Romain, 31, Lehrer, Lorient.

»In den Vereinigten Staaten werden Beziehungssüchtige in bestimmten Kliniken genauso behandelt wie Alkoholiker und Drogenabhängige. Ziel ist der Ausstieg aus der Abhängigkeit. Ich habe dort gelebt und eine Zeit in einer solchen Klinik verbracht. Es war schlimm, ich würde es niemandem wünschen. Eines Tages wird es so etwas auch bei uns geben. Bei mir hat es funktioniert; ich gehe seither keine Beziehungen mehr ein. Besser ist es natürlich, wenn man es aus eigener Kraft schafft oder eben mit dem Manifest.«

Patrick, 32, Webmaster, Bordeaux.

»Meine letzte Beziehungserfahrung? Ich erinnere mich an das Ticken der alten Wanduhr im Wohnzimmer, die er von seiner Großmutter geerbt hatte, an das knarzende Leder seines Ohrensessels und an seine Quietschgeräusche, wenn er Hunger hatte. Es war schlimm! Ich hatte das Gefühl, ein großes Spinnennetz hätte sich über uns ausgebreitet, eine dicke Staubschicht hätte sich auf uns angesammelt und wir könnten uns kaum mehr bewegen. Die Partnerschaft ist wie ein Grab. Und in meinem Alter ist das keine Option.«

Magali, 31, Malerin, Le Mans.

Wichtig!

- Partnerschaft ist eine harte Droge.
- Partnerschaft bedeutet geistige und körperliche Entfremdung.
- Partnerschaft ist das Ende der Freiheit.
- Partnerschaft diskriminiert.
- Partnerschaft ist die größte Heuchelei aller Zeiten.
- All das stimmt, aber:

Jeder von uns kann seine Beziehung beenden!

2

WIE MAN AUS SEINER BEZIEHUNG HERAUSKOMMT

DIE EIGENE SITUATION EINSCHÄTZEN

Schluss mit der Beziehung. Großartig, die Entscheidung ist getroffen. Sie fühlen sich fiebrig und zugleich erleichtert. Ihre Gedanken spielen verrückt. Werden Sie die Situation in den Griff bekommen? Ein harter Kampf steht bevor, Tage der Mutlosigkeit, schlaflose Nächte voller Selbstvorwürfe: »Was hat mich da bloß geritten? Ich spinne doch total.«

Aber die Entscheidung ist gefallen. Nun eröffnen sich ganz neue Möglichkeiten und die Chance auf ein selbstbestimmtes Leben. Schon seit Wochen sind Sie von der absoluten Notwendigkeit Ihres Vorgehens überzeugt.

Doch vergessen Sie nicht: Die Beendigung einer Beziehung muss bewusst und wohl durchdacht sein. Eine Partnerschaft zu beenden ist ein zielgerichtetes Vorgehen, das Spontaneität schlecht verträgt. Zwar schaffen es manche allein, aber sie bleiben die Ausnahme und erleiden häufig Rückfälle.
Jedes Beziehungsende ist anders. Viele Faktoren spielen dabei eine Rolle, nicht zuletzt Sie selbst. Bevor Sie zur Tat schreiten, sollten Sie sich deshalb Ihrer Situation bewusst werden. Sind Sie wirklich reif für diesen Schritt, oder warten Sie lieber noch etwas? Für das Gelingen Ihres Vorhabens ist voreiliges Handeln gefährlich. Sie riskieren, als Angsthase zu gelten oder nicht ernst genommen zu werden.

Wo stehen Sie?

Wer sich ein paar Minuten unserem Fragebogen widmet, erhöht die Chancen auf eine erfolgreiche Trennung. Das Ergebnis sollten Sie aufmerksam lesen. Es bietet Ihnen eine realistische Einschätzung Ihrer Erfolgschancen und die Möglichkeit, die für Sie optimale Strategie zu finden. Denn Hektik nützt hier gar nichts. Es zählt nicht der Weg, sondern das Ziel. Dorthin wollen wir Sie bringen, was auch immer geschieht.

1. Eine ehrliche Auseinandersetzung kann die Beziehung festigen. Was denken Sie darüber?

☐ a) Man streitet nicht. Alles wird gut.

☐ b) Das ist vielleicht nicht ganz falsch.

☐ c) Wie schrecklich. Er oder sie wird wochenlang schmollen.

2. Ihr Partner hat einige Zeit ohne Sie Urlaub gemacht. Hat er Ihnen gefehlt?

☐ a) Sehr.

☐ b) Na ja.

☐ c) Überhaupt nicht.

3. Ein verdächtiges Haar in der Badewanne …

☐ a) … muss meines sein.

☐ b) … könnte meinem Partner / meiner Partnerin gehören. Ich muss mal fragen.

☐ c) … ist nun endgültig ein Haar zu viel!

4. Kreuzen Sie an, welche Begriffe Ihren momentanen Zustand am besten beschreiben.

☐ a) Liebe, Lust, Treue, Teilen.

☐ b) Ruhe, Komfort, Sicherheit, Filzpantoffeln.

☐ c) Wechsel, Bewegung, Neues, Freiheit.

Testergebnisse

Überwiegend a

Sie befinden sich in der Vogel-Strauß-Phase. Der Strauß ist das einzige Tier, das den Hintern herausstreckt und gleichzeitig den Kopf in den Sand steckt.

Ihr mangelnder Realismus (3a) und ihr blinder Optimismus (1a) lassen Schlimmes ahnen. Ihre Verteidigungsmechanismen sind noch sehr instinktgesteuert. Es kann sein, dass Sie in dieser Phase so anstrengend sind, dass Sie von Ihrem Partner sitzengelassen werden. Dabei könnte Ihnen nichts Schlimmeres passieren! Ohne es zu wollen, sitzen Sie plötzlich alleine da. Sie fühlen sich überrumpelt und leiden schrecklich. Achtung! Es gibt skrupellose Menschen, die solche Situationen großer Schwäche ausnutzen und Sie bei der ersten Gelegenheit ein für alle Mal an sich ketten! Falls Sie sitzengelassen werden, gehen Sie auf keinen Fall mit dem besten Freund oder der besten Freundin Ihres Expartners aus.

Ihre Erfolgschancen: Gleich null. Denn diese Phase entspricht eher dem Beginn einer Beziehung. Sie handeln aus Eifersucht oder schlechter Laune. Lesen Sie dieses Buch nochmals von Anfang an. Und zwar so oft wie nötig. Zögern Sie nicht, Hilfe anzunehmen. Und umgeben Sie sich mit anderen, die sich gerade getrennt haben. Das einzige gute Zeichen ist, dass Sie sich dieses Buch gekauft haben – es sei denn, es war ein Geschenk.

Hauptsymptom dieser Phase: Ihre Handyrechnung explodiert.

Überwiegend b

Sie sind in der Hamsterphase und laufen wie wild im Rad, ohne von der Stelle zu kommen.

In dieser Phase kommt es höchstens zufällig oder unerwartet zur Trennung. Aus einer Laune heraus: unwahrscheinlich. Durch den Tod Ihres Partners / ihrer Partnerin: nicht wünschenswert. Tief im Innern wissen Sie genau, was Sie fühlen. Sie hegen sogar in elementarsten Fragen Zweifel (3b). Die Partnerschaft hat Ihr Reaktionsvermögen verringert und Sie zum Assistenten / zur Assistentin degradiert (4b): »Hast du die Fernbedienung gesehen?«, »Weißt du, wo meine Tasche ist?«. Ihr Gefühl für das richtige Maß (1b) beweist nicht Ihre Intelligenz, sondern Ihre Schlaffheit. Sie vegetieren in Filzpantoffeln vor sich hin. Einzig positiv ist, dass Sie Ihren Partner auch bei längerer Abwesenheit nicht zu vermissen scheinen (2b). Nutzen Sie diese Momente, um sich neue Horizonte zu erschließen.

Ihre Erfolgschancen: Es gibt noch viel zu tun. Diese Phase entspricht einer langen Abhängigkeit. Wie starke Raucher sehen auch Sie keinen Grund, auf Ihre tägliche Dosis Gift zu verzichten, und sind sich der Gefahr nicht bewusst. Lesen Sie noch einmal den ersten Teil dieses Buchs – übrigens fragen wir uns, wie es in Ihren Besitz gelangen konnte. Sollte Ihr Partner / Ihre Partnerin es Ihnen gegeben haben, werden Sie zweifelsohne bald sitzengelassen. War es der beste Freund oder die beste Freundin, möchte er oder sie vielleicht bald den Platz an Ihrer Seite einnehmen.

Hauptsymptom dieser Phase: Keines mehr.

Hauptsächlich c

Sie sind in der Entenphase. Das Tier ist dafür bekannt, noch lange umherzuirren, nachdem es geköpft wurde.

Sie sind am Ende (3c), können Ihren Partner / Ihre Partnerin nicht mehr ertragen (1c). Aber davon lassen Sie sich nicht entmutigen; Sie hoffen auf Veränderung und bleiben positiv (4c). Das Single-Dasein dürfte für Sie kein Problem darstellen (2c). Sie sind entschlossen, die Beziehung zu beenden, und werden bei der ersten Gelegenheit zur Tat schreiten.

Ihre Erfolgschancen: Optimal. Diese Phase liegt normalerweise zwischen der Straußen- und der Hamsterphase und äußert sich in immer stärkeren Momenten der Auflehnung und des Zweifels (der Partner / die Partnerin scheint Ihnen wirklich unerträglich, Sie stellen sich schlafend, sobald er oder sie sich zu Ihnen legt, und Sie haben genug von den Haaren in der Badewanne). Nutzen Sie diese Phase, aber handeln Sie nicht übereilt. Vermeiden Sie extreme Konfrontationen, weichen Sie lieber aus oder diskutieren Sie: »Das mit uns hat keinen Sinn mehr«, »Du hast dich verändert«, »Wie konnte es so weit kommen?«. Vielleicht versuchen Sie in dieser Phase mehrmals erfolglos, sich zu trennen. Lassen Sie sich nicht entmutigen! Nur wenigen gelingt es gleich beim ersten Mal. Halten Sie durch!

Hauptsymptom dieser Phase: Sie fühlen sich wie amputiert. Ihnen fehlt etwas – nämlich Sie selbst.

Übrigens: Vielleicht wollen Sie dieses Buch jetzt beiseite legen. Doch wer zu vertrauensselig ist, sündigt leicht. Lesen Sie besser aufmerksam weiter. Wieso sollte man kurz vor dem Ziel ein Scheitern riskieren? Wer sich nur auf den eigenen Willen zur Trennung verlässt, riskiert viel. Setzen Sie Ihre Zukunft nicht aufs Spiel – das Leben ist kein russisches Roulette.

Eine Graphik sagt mehr als tausend Worte

Auf der x-Achse: Die relative Dauer der Beziehung. In Monaten: Phase 1. In Jahren: Phase 2. In Jahrzehnten: Phase 3.
Auf der y-Achse: Die absolute Intensität der Beziehung.

Vogel-Strauß-Phase: Die Kurve verläuft zwar ansteigend, aber in letzter Zeit hat die Beziehung an Intensität verloren. Eine vorübergehende Schwäche oder erstes Anzeichen des Niedergangs? Das ist die Frage. Die kommenden Tage oder Wochen werden Ihnen darüber Auskunft geben.

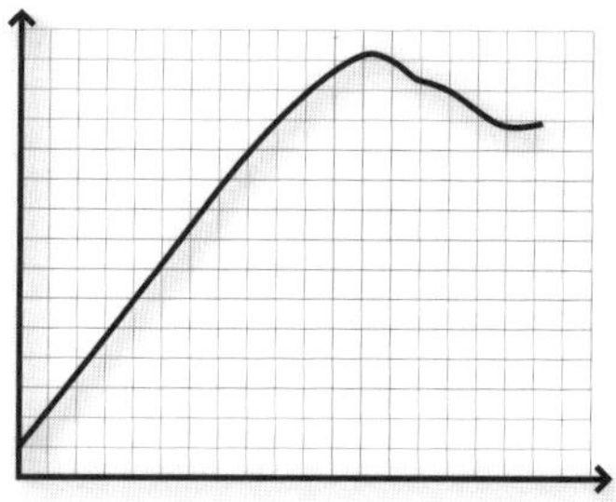

Hamsterphase: Die Kurve ist nahezu eine Gerade; Abweichungen erkennt man nur mit der Lupe. Die Beziehung liegt im Koma, aber der Zustand ist reversibel. Sie deuten die Zeichen richtig, deswegen lesen Sie ja auch dieses Buch. Machen Sie sich an die Arbeit, und glauben Sie an sich.

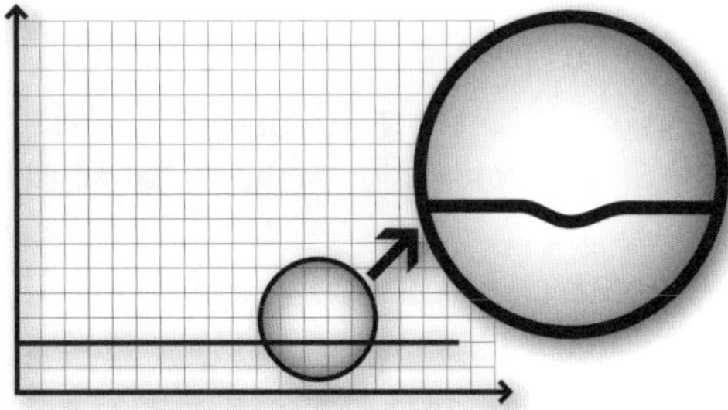

Sie leben noch – aber nur ein bisschen!

Entenphase: Die Kurve beschreibt eine Zickzackbahn. Die Intensität Ihrer Beziehung geht gefährlich gegen null. Passen Sie auf, dass Sie nicht in den negativen Bereich geraten und Ihren Partner / Ihre Partnerin ungerechtfertigterweise für alles Übel verantwortlich machen.

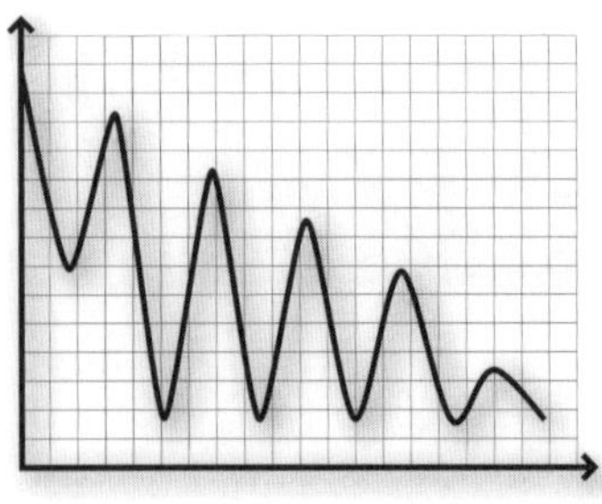

Sie kennen nun das Ausmaß Ihrer Sucht. Je stärker die Sucht, umso schwieriger der Weg. Geben Sie die Hoffnung nicht auf! Alles ist nur eine Frage der Zeit und Geduld. Es sind schon einige Hamster aus dem Koma erwacht[16] und haben sich in wilde Enten verwandelt! Das Wichtigste ist, schon jetzt von der Unausweichlichkeit Ihres Handelns überzeugt zu sein!

16 Diese Verwandlungen scheinen bevorzugt in bestimmten Lebensaltern aufzutreten. Das hat die Natur wirklich gut gelöst. Beim Mann stehen die Chancen in der Midlife-Crisis um die vierzig und im zweiten Frühling um die sechzig sehr gut. Bei der Frau gibt es – auch wenn das immer noch ein Tabuthema ist – ungefähr zur gleichen Zeit ähnliche Phasen. Eigentlich ist das ziemlich praktisch.

ENDLICH BEREIT FÜR DEN GROSSEN SCHRITT

»Um meinen Leben eine Zukunft zu geben, höre ich morgen auf, das ist beschlossene Sache.«[17]

Wie man sich für die Trennung fit macht

Körper

Mens sana in corpore sano. Wer sich in den Kampf aufmacht, braucht alle seine Kräfte. Gewöhnen Sie sich also einen geregelten Lebensstil an. Wer raucht, sollte es nicht übertreiben, aber auch nicht unter dem Vorwand aufhören, man werde sein Leben ohnehin bald komplett ändern. Zwei Trennungen auf einmal könnten eine zu viel sein. Und wer tatsächlich aufgehört hat, sollte der Versuchung widerstehen, gleich wieder anzufangen.

Medikamente gegen Angstzustände sind zu vermeiden, denn sie könnten Sie – gerade indem sie Ihre Angst mindern – von Ihrem

17 Man sollte ihn oder sie aber nicht für eine(n) andere(n) verlassen. Denn dann hat man gar nichts begriffen. Wer Whisky statt Wodka trinkt, senkt seinen Alkoholkonsum nicht.

Vorhaben abbringen. Versuchen Sie es lieber mit Kräutertee. Trinken Sie nicht zu viel Kaffee, denn der kann Herzrhythmusstörungen verursachen. Ein starkes Herz ist jetzt sehr wichtig.
Treiben Sie Sport, oder gehen Sie jeden Tag eine gute halbe Stunde stramm spazieren. Nehmen Sie nicht den Aufzug, sondern die Treppen. Das hilft auch gegen die paar Kilo zu viel, die sich in den letzten Monaten auf Ihren Hüften angesammelt haben.
Von Sex mit dem Partner / mit der Partnerin ist in dieser Zeit abzuraten. Das wäre schlechter Stil. Wer der Versuchung aus dem Weg gehen will, sollte sich weit früher oder später als der Partner hinlegen (was nicht mit nächtelangem Fernsehen gleichzusetzen ist). Aus demselben Grund ist es gut, immer als erste(r) aufzustehen. Wenn Sie schon älter und männlich sind: Setzen Sie Viagra ab.

Geist

Ein gewisser Stress ist leider unvermeidbar. Falls Sie kein Yoga betreiben, fangen Sie jetzt bloß nicht damit an, das könnte Ihren Partner misstrauisch werden lassen. Und Schluss machen ist mit einem misstrauischen Partner viel schwieriger. Schlafen Sie viel, und zwar nicht auf der Wohnzimmercouch. Täuschen Sie Ärger mit dem Chef oder anhaltende Bauchschmerzen vor, das funktioniert immer. Wer deprimiert ist, macht am besten eine Magnesiumkur. In schlimmen Fällen lohnt sich ein Arztbesuch oder Akupunktur.

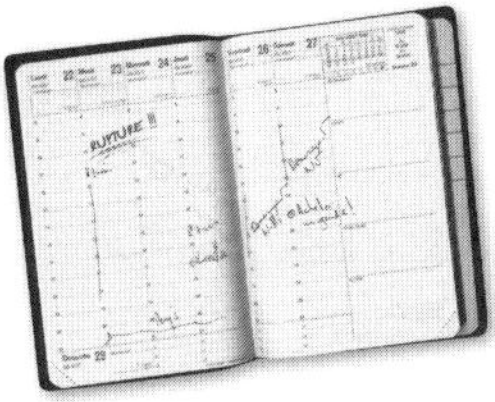

Ein Datum festlegen

Jetzt müssen Sie unbedingt ein Datum festlegen.[18] Es steht symbolisch für den ersten Tag Ihres neuen Lebens. Es sollte nicht zu bald sein (etwa morgen, an Ihrem Geburtstag, einfach weil Sie sich etwas gönnen wollen) und auch nicht in ferner Zukunft (bei der nächsten Sonnenfinsternis oder Präsidentschaftswahl).

Nicht alle Daten sind gleichermaßen geeignet. Man sollte vorausschauend handeln und nicht auf der Familienfeier Schluss machen. Im Allgemeinen gilt: Halten Sie sämtliche Eltern da raus, wenn Sie unschöne Äußerungen vermeiden wollen. »Ich mochte diese Frau noch nie. Sie war schon immer hinterhältig«, »Ich habe dir gleich gesagt, dass er ein Depp ist«.

Vermeiden Sie auch Trennungen auf Beerdigungen von Angehörigen Ihres Partners/ Ihrer Partnerin oder am Flughafen kurz vor dem Aufbruch in die Ferien. Und stellen Sie sicher, dass Ihr(e) zukünftige(r) Ex am gewählten Datum auch vor Ort ist. Schließlich ist seine / ihre Anwesenheit von entscheidender Bedeutung.

Machen Sie sich nicht lächerlich, und schließen Sie den 29. Februar von vornherein aus. Ebenso den 1. April, an dem Ihnen niemand glauben wird. Ergänzen Sie die Liste nach Bedarf.

18 Manche Suchtexperten plädieren dagegen für flexible Fristen, um jede Art von Stress und damit ein Schwachwerden im letzten Moment zu vermeiden. Sie selbst bestimmen Ihr Vorgehen. Wir wollen Sie schließlich nur informieren, nicht erziehen.

Der Tag X

Den auszuwählen ist schwierig. Sie sind den Zwängen der Arbeitswoche unterworfen, Sie haben Ihren Biorhythmus, all das ist zu berücksichtigen. Man macht nicht einfach an irgendeinem Wochentag Schluss. Vermeiden Sie Tage, auf die ein Arbeitstag oder ein Tag an der Uni folgt. Sonst fällt die Konzentration womöglich schwer, und Sie sind mit den Gedanken schon beim morgigen Tag. Da verschiebt man die Angelegenheit vielleicht um einen Tag und dann um noch einen und einen weiteren …

Vermeiden Sie Wochenenden und besonders den Samstag[19] (tagsüber und abends), denn sonst müssen Sie den ganzen Sonntag durchhalten. Schwer ist das vor allem allein vor dem Bildschirm mit den Porno-Seiten oder mit dem neuesten Frauenroman. Vor Sonntagen kann nicht ausdrücklich genug gewarnt werden!

Tatsächlich gibt es nur einen Tag, der für eine Trennung perfekt geeignet ist. Oder besser: einen einzigen Zeitpunkt. Es ist der Freitagabend: Man muss am nächsten Morgen nicht früh aufstehen. Man wurde eine Woche lang vom Chef malträtiert und freut sich nun geradezu darauf, auch einmal austeilen zu können.[20] Nun hat man das ganze Wochenende Zeit, sich mit den Kumpels zu betrinken oder mit den Freundinnen über den Ex herzuziehen (ein Versager im Bett, ein Muttersöhnchen und Egoist). Dieses Vorgehen eignet sich auch, wenn man unverzüglich ausziehen möchte.

19 Auch von Sonntagabenden ist abzuraten, wenn man nicht völlig deprimiert in die Arbeitswoche starten will.

20 Oder man hat als Chef die Mitarbeiter malträtiert, die natürlich allesamt unfähig sind und von nichts eine Ahnung haben.

Zudem ist der Freitag in besonderer Weise symbolisch aufgeladen. Den Christen ist er heilig, bei den Juden heißt er Sabbat, die Muslime gehen freitags in die Moschee, und den Lottospielern gilt Freitag der 13. als Glückstag. So können Sie Ihrer Trennung preisgünstig eine kosmische Dimension verleihen.

Doch Disziplin ist nicht gleichbedeutend mit mangelnder Phantasie. Verleihen Sie Ihrer Trennung eine besondere Note, dann geht es leichter.

Wer für die Trennung einen speziellen Tag wählt, entspannt möglicherweise die Situation und verleiht ihr zugleich rituellen Charakter (was für die Verarbeitung der Beziehung wichtig ist). So könnten die staatstragenden Kundgebungen am Nationalfeiertag dem Ende Ihrer Partnerschaft einen gewissen Glanz verleihen. Oder Sie trennen sich, wenn es den neuen Federweißen gibt, und stoßen auf die neue Zeit an.

Doch auch hier gilt, dass man es nicht übertreiben sollte. Wer beim Schlussmachen als Schneewittchen oder Clown verkleidet ist, wird vielleicht nicht ganz ernst genommen.

Enge Freunde einweihen

Ihre Unterstützung werden Sie im entscheidenden Moment brauchen. Doch man kann sich nicht blind jedem anvertrauen. Vor allem gemeinsame Freunde, mit denen ein Paar viel Zeit verbracht hat, eignen sich nicht. Endlose Partien *Trivial Pursuit*, Grillnachmittage und gemeinsame Urlaube im Ferienhaus mit Menschen, die meist selbst in einer Partnerschaft leben, garantieren eher, dass man alles versuchen wird, um Sie von Ihrer Entscheidung abzubringen – schon damit es keine Nachahmer gibt.

Sprechen Sie deshalb nur mit engsten Freunden. Falls davon keine mehr übrig sind, reaktivieren Sie ruhig alte Freundschaften (zum Beispiel über das Internet). Wer Sie schon mit Akne kannte, wird immer solidarisch sein. Zumal Sie die Sexualität vielleicht gemeinsam mit ihm oder ihr in Umkleidekabinen entdeckt haben.

Übrigens: Es kann gefährlich sein, seine Absicht auf Facebook zu verkünden. Denn die Kommentare fallen nicht immer motivierend aus (»Seit unserer Trennung geht es mir richtig dreckig«) oder sind regelrecht bizarr (»Ich habe mich auf dem Gipfel des Montblanc von ihm getrennt, und er hat gleich seine Geliebte angerufen und sich mit ihr im Restaurant verabredet«).

WER SICH MIT VIELEN MENSCHEN UMGIBT, ERHÖHT SEINE ERFOLGSCHANCEN. KONTAKTIEREN SIE UNS RUHIG!

Am Vorabend des großen Ereignisses

Die Spannung steigt. Sobald Sie allein sind, blättern Sie hektisch in diesem Buch, besonders in diesem Kapitel: in der Bahn, während der Mittagspause, auf der Toilette.
Die Versuchung ist groß, einen Joint zu rauchen. Stopp! Jetzt bloß nicht schwach werden. Morgen findet eine sehr wichtige mündliche Prüfung statt, nicht irgendein belangloses Gequatsche.

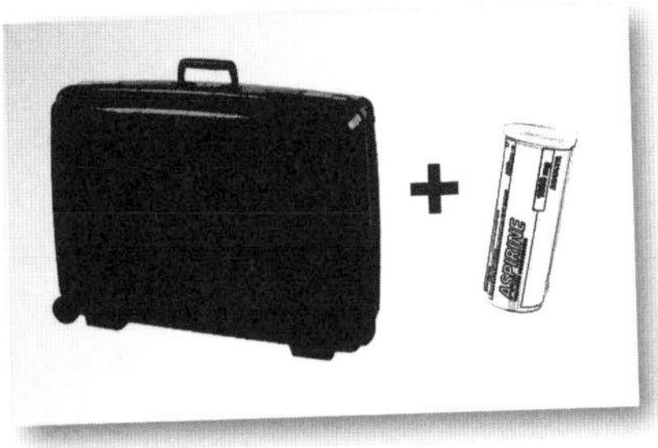

Bereiten Sie sich vor wie auf eine Prüfung
Zunächst ist die Wahl der Kleidung entscheidend. Am besten ist ein Outfit, in dem man sich wohlfühlt, ohne zu entspannt oder zu selbstsicher zu wirken. Es bringt nichts, dem Partner das Gefühl zu vermitteln, der Kampf sei schon gewonnen.
Legen Sie sich die Ausrüstung zurecht: eine Packung Aspirin, Taschentücher, eventuell Geld, falls Sie dem Partner / der Partnerin noch etwas schuldig sind. Vergessen Sie nicht, Ihr Mobiltelefon aufzuladen. Möglicherweise brauchen Sie es, wenn Sie nachts auf der Straße stehen.

Wer sich jetzt wie ein Löwe im Käfig fühlt, unkontrollierte Bewegungen macht und zusammenzuckt, sobald der Partner ihn anspricht, der hat ganz klar Lampenfieber. Ein paar (unauffällige) Atemübungen zur Entspannung helfen. Ab unter die Dusche und ins Bett! Stellen Sie den Wecker.

Der Ort des Geschehens

Die Entscheidung für einen Ort ist zu diesem Zeitpunkt meist schon gefallen, und es gibt ohnehin nicht besonders viele Möglichkeiten. Die endgültige Aussprache muss entweder zu Hause oder außerhalb stattfinden. Zögern Sie noch?

Wer sich zu Hause trennen will, sollte alle Gegenstände in Sicherheit bringen, die ihm am Herzen liegen. Tantes Vase, das Familienservice, die Mangasammlung. Beschränken Sie sich auf das Wohnzimmer als Austragungsort – so sind weniger Schäden zu befürchten.

Falls Sie sich für eine Trennung außerhalb der eigenen vier Wände entschieden haben, sollten Sie die Topographie in Betracht ziehen. Sind irgendwelche Gräben oder Truppenübungsplätze in der Nähe? Auch eine Trennung im Auto ist nicht ratsam, ob Sie nun am Steuer sitzen oder nicht. Vermeiden Sie auch Boote oder Riesenräder.

Trennung im Restaurant: Zweifelsohne ein schickes Ambiente, aber wer will seine Mahlzeit allein inmitten feindselig blickender Menschen beschließen, nachdem das Gegenüber weinend zusammengebrochen ist? Oder sich vor interessiertem Publikum lächerlich machen und als »kurzschwänzig« oder »hysterische Kuh« bezeichnen lassen? In jedem Fall müssten Sie auch noch die Rechnung begleichen.

Die jüngeren unter Ihnen sollten bedenken, dass man Sie auch verstehen können muss. Clubs und andere laute Orte (wie Punkkonzerte oder Szene-Kneipen) sind zu vermeiden.

Trennung auf Distanz

Vielleicht entscheiden Sie sich nach langer Überlegung gegen eine direkte Konfrontation. Ob Sie Angst haben, nicht die Oberhand zu behalten, oder Sorge, dass Sie der Mut verlassen könnte – wichtig ist, dass Sie motiviert bleiben.

In diesem Fall gibt es vier Möglichkeiten:

- Ein Brief auf dem Küchentisch oder auf der Kommode im Flur.
- Eine SMS, die Sie vom Bahnhof oder vom Hotelzimmer aus schicken.
- Ein vom Büro aus verschickter Brief, der erst eintrifft, wenn Sie schon längst mit Ihren Kumpels versumpft oder bei der besten Freundin eingezogen sind.
- Ein Telefonanruf in der Hoffnung, auf dem Anrufbeantworter zu landen.

Zwar ist diese Form der Trennung weiter verbreitet, als man glaubt, aber sie birgt das Risiko, dass bei Ihnen und Ihrem Partner das Gefühl der Unabgeschlossenheit zurückbleibt. Wie bei einem Alkoholiker, der seine letzte Flasche in die Spüle kippt, stehen auch bei Ihnen die Chancen nicht schlecht, dass Sie bald einen Rückfall erleiden.

Übrigens: Es gibt noch eine fünfte Möglichkeit, von der wir aber grundsätzlich abraten: Sie verschwinden, ohne eine Adresse zu hin-

Trennung 2.0

Wie man zeitgemäß Schluss macht

Geographische Entfernung oder große Angst vor der Konfrontation können
Gründe für diese Form der Trennung sein, deren Wirksamkeit umstritten ist
und die vielen als respektlos oder gar grausam gilt. Doch der gute alte Brief ist
im Vergleich viel zu langsam und unleserlich. Vor allem Jugendliche ändern
ihr Leben mithilfe der neuen Kommunikationswerkzeuge – mit nur einem
Klick.

E-Mail und SMS. Die E-Mail eignet sich für Erklärungen, die SMS für präzise
Botschaften. Dabei bietet sich die SMS besonders dafür an, den Empfänger zu
warnen. Eine E-Mail kann lange ungelesen im Postfach liegen und wird so zu
einer Belastung für Ihre Nerven. Ein paar Vorschläge für SMS:

- »war schön, reicht aber auch, zl«
- »du bist ein guter mensch, aber ich liebe dich nicht mehr, 2L8«
- »es ist aus«

Chat (MSN Messenger, Skype etc.). Im schriftlichen Chat: Machen Sie mit ein
paar Zeilen Schluss, und fügen Sie entsprechende Emoticons hinzu. Videochat:
Hierfür brauchen Sie mehr Mut, weil Sie dem anderen ja ins Gesicht blicken.
Wobei auch Ton ohne Bild möglich ist. Vermeiden Sie den umgekehrten Fall.

Soziale Netzwerke (Facebook, Twitter etc.). Davon raten wir ab, wenn Privates
privat bleiben soll.

E-Card. Im Internet gibt es nicht nur virtuelle Geburtstags- oder Neujahrs-
karten, sondern auch solche, mit denen man eine Beziehung beenden kann.
Besonders die animierten, bunten Exemplare sind eine originelle Möglichkeit,
Schluss zu machen. Doch möglicherweise nimmt Ihr Partner sie deshalb auch
nicht ernst.

Tipp: Wer sich für die E-Card entscheidet, sollte sie nur gemeinsam mit einem
anderen Medium verwenden, etwa einem Telefonanruf oder einer erklären-
den E-Mail. So wird deutlich, dass es sich nicht um einen Scherz handelt.

terlassen. Dieser Ausweg bleibt den Dichtern vorbehalten – Rimbaud ging nach Abessinien – oder auch den Weltreisenden – etwa Alexandra David-Neel in China. Alle anderen sollten davon absehen, außer in Sonderfällen: Wenn Sie zum Beispiel mit dem gemeinsamen Geld flüchten wollen oder bedroht werden.

Noch eine Stunde

Für einen Rückzieher ist es jetzt zu spät. Bereiten Sie sich vor. Gehen Sie noch einmal auf die Toilette, und stellen Sie Ihre Koffer bereit.

DIE ERFOLGREICHE TRENNUNG

Endlich ist es so weit. Sie sitzen Zu Hause oder in einem Bistro am anderen Ende der Stadt. Ihr Partner spürt sehr genau, dass ein bedeutender Moment bevorsteht. Bei der Verabredung zitterte Ihre Stimme (»Ich muss unbedingt mit dir reden«), bei der Begrüßung sahen Sie bleich aus. Es ist schon lange her, dass Sie beide ein wirkliches Gespräch hatten.
Ihnen schwirrt der Kopf. Sie wagen nicht, Ihrem Gegenüber in die Augen zu blicken. Manchmal ist es nützlich, sich einige motivierende Sätze ins Gedächtnis zu rufen, bevor es los geht.

Für Männer:
»Ich weiß, was ich will.«
»Ich bin überzeugend.«
»Ich bin mutig.«
»Das Single-Dasein ist das Beste, was mir passieren kann.«
»Es geht mir schon besser.«

Für Frauen:
»Im schlimmsten Fall lasse ich ihn gleich hier sitzen.«
»Du bist die Tollste, er hat dir immer aus der Hand gefressen.«
»Achtung, jetzt kommt sein Hundeblick.«

»Das Single-Dasein ist das Beste, was mir passieren kann.«
»Gut, dass ich vorher noch auf der Toilette war.«
Verhalten Sie sich wie ein Profisportler und vermeiden Sie es, diese Sätze mit kriegerischen Gesten zu kombinieren, etwa auf den Tisch zu schlagen oder »Yes!« zu brüllen.

Welche Fehler man nicht machen sollte

Unschlüssig Schluss machen. Viele Trennungswillige hoffen, den Partner zur Trennung bewegen zu können, ohne sich selbst klar zum Ende der Beziehung zu bekennen. Wer aber die Trennung delegiert, riskiert einen Rückfall.
Mitleid und Schuldzuweisungen. Schluss machen ist kein Verbrechen, sondern ein Akt der Menschlichkeit, der beiden guttut.
Ihn oder sie danach in den Arm nehmen. Es könnte sein, dass Sie das noch bereuen werden.
Vermitteln. »Du hast recht, ich bin ein Ekel.« Das ist nicht Ihre Rolle. Man kann nicht Richter und Kläger zugleich sein.
Kompromisse machen, bis hin zur Frage, wer die Katze nimmt. Bleiben Sie hart, Sie werden es nicht bereuen. Und Mieze auch nicht. Teilen Sie sich das nächste halbe Jahr erst einmal das Sorgerecht.[21]
Das Versprechen, Freunde zu bleiben. Dann stehen Sie sofort als Weichei oder Gutmensch da. Wetten, dass Ihre Mailbox binnen 24 Stunden voll ist?

21 Oder die nächsten zwei Wochen, wenn es ein nicht kastriertes Männchen ist.

Der Vorschlag, Sexpartner zu bleiben. Dann stehen Sie als Lustmolch oder Schlampe da. Wetten, dass Ihre Mailbox binnen 24 Stunden voll ist?

Das Versprechen, sich in den folgenden Tagen oder Wochen zu treffen. Ihr(e) Ex könnte bei diesem Treffen versuchen, Sie zu verführen. Sie sind schon einmal weich geworden – fordern Sie Ihr Glück nicht heraus.

Ihn oder sie mit der besten Freundin / dem besten Freund verkuppeln. Seien Sie sicher, dass er oder sie bereits darüber nachdenkt, Ihren Platz einzunehmen. Falls das nicht schon längst geschehen ist.

DIE KRAFTPROBE HAT BEGONNEN!

Nützliche Zusatztipps:

- Versorgen Sie sich mit ausreichend Sauerstoff, indem Sie regelmäßig tief durch die Nase atmen.
- Trinken Sie ein großes Glas Wasser, sobald Ihre Willensstärke nachzulassen droht.
- Bleiben Sie stets Herr der Lage. Es könnte sein, dass Sie spontan reagieren müssen – wenn Geschirr durch die Gegend fliegt, der Nachbar mit der Kampfsport-Ausbildung vorbeikommt etc. Verlassen Sie gegebenenfalls die Örtlichkeit.
- Halten Sie bei einer direkten Konfrontation einen Sicherheitsabstand von einem Meter. So verhindern Sie, dass der Partner plötzliche Stimmungsschwankungen nutzen und Ihnen zu nahe kommen kann.
- Falls Sie per Telefon Schluss machen, stellen Sie sicher, dass Sie richtig verstanden wurden. Vielleicht war die Verbindung ja nicht so gut? Schlimmstenfalls rufen Sie nochmals an und vergewissern sich. Danach schalten Sie Mailbox und Anrufbeantworter aus.
- Bleiben Sie immer höflich.

Was man bei einer Trennung sagt

Man muss die Dinge aussprechen

Ihnen fehlt die Inspiration? Machen Sie sich nicht verrückt. Treten Sie entschlossen auf, halten Sie keine großen Reden, und rechtfertigen Sie sich nicht. Es geht schließlich um Ihr Wohlbefinden und Ihr inneres Gleichgewicht.

Wer nicht als Trampel gelten und sich nicht lächerlich machen will

Fünf Tipps

für ein erfolgreiches Gespräch

1. Korrekte Kleidung

Vermeiden Sie exzentrische Outfits. Das ist nicht nur dem Partner, sondern auch der Situation gegenüber unangemessen. Immerhin soll ein Teil Ihres Lebens ausgelöscht werden.

2. Ruhe bewahren

Vermeiden Sie nervöse Gesten, die Ihre Angst verraten könnten (starkes Wippen mit den Beinen, Kopfnicken an unpassenden Stellen, Kneten der Hände). Und lassen Sie sich auch nicht von Gestik und Mimik Ihres Partners / Ihrer Partnerin verunsichern – er oder sie hat bestimmt nur das Mittagessen nicht vertragen.

3. Pädagogisch vorgehen

Sätze, die auswendig gelernt klingen, sollte man vermeiden, selbst wenn man sie tatsächlich auswendig gelernt hat. Sonst wirkt man schnell monoton. Dass der Partner einen wirklich versteht, kann man mit Formulierungen wie »Verstehst du, was ich sage?« oder »Hallo, klopf klopf, bist du noch da?« überprüfen.

4. Bescheiden bleiben

Wirken Sie nicht zu selbstsicher. Je stolzer, dominanter und arroganter Sie auftreten, umso mehr wird sich Ihr Gegenüber angegriffen fühlen und sich entsprechend unangenehm verhalten. Doch übertreiben Sie es nicht mit der Bescheidenheit. Bleiben Sie aufrecht, mehr aber auch nicht. Nehmen Sie die Hände aus den Taschen.

5. Vorsichtig sein

Zuletzt sollten Sie sich vergewissern, dass der Partner und vor allem Sie selbst Ihre Wortwahl verstehen. Sprechen Sie nur von Dingen, von denen Sie Ahnung haben. Es hilft nichts, zur Unterstützung der eigenen Argumentation einfach irgendwelche Philosophen zu zitieren, damit macht man sich nur lächerlich.

(Ihr Partner kennt Sie schließlich), sollte sich weder verkünsteln noch verzetteln, denn das rächt sich früher oder später: »Was soll das heißen, ich gehe nie mit dem Hund raus? Es ist doch dein Hund.« Konzentrieren Sie sich auf das Ziel, lügen Sie nicht (»Mein Hund?«) – dann werden Sie auch nicht wüst beschimpft (»Du Vollidiot!«).[22]

VERGESSEN SIE IHRE STÄRKSTE WAFFE NICHT: DIE BÖSARTIGKEIT! BITTE GROSSZÜGIG ANWENDEN.

Ein paar gebrauchsfertige Argumentationshilfen

Sie gliedern sich in klassische, heuchlerische und exzentrische Aussagen und können je nach Temperament oder Laune ausgewählt werden. Wahrscheinlich unterscheiden sie sich kaum von denen, die Sie auch von sich aus äußern würden.

a) Klassisch:[23]

- Du stinkst.
- Du hast einen beschissenen Musikgeschmack.
- Du engst mich ein.

22 Reagieren Sie nicht emotional auf solche Beleidigungen.
23 Ein wenig veraltet. Können mit einer gewissen Ironie verwendet werden.

b) Heuchlerisch:

- Du bist so wunderbar, dass ich einfach nicht mithalten kann.
- Ich liebe dich, aber ich begehre dich nicht mehr (oder umgekehrt).
- Ich habe dich nicht verdient.

c) Exzentrisch:

- Gott hat mich zu sich gerufen, ich gehe ins Kloster.
- Du verwechselst mich mit meinem Zwillingsbruder.
- Ich bin ein Außerirdischer und wurde zur Erde gesandt, um die menschliche Sexualität zu erforschen. Meine Mission endet nun. Ich kehre nach Galaxia zurück.

Welche Antworten eignen sich?

Es ist schwierig, eine vollständige Liste der typischen Antworten zusammenzustellen. Im Folgenden einige beispielhafte Dialoge, die Sie so oder ähnlich erleben könnten. Es kann sein, dass Ihr Partner/Ihre Partnerin im Verlauf der Unterhaltung abrupt die Strategie wechselt. Lassen Sie sich davon nicht aus der Ruhe bringen.

Ihr(e) Partner(in) reagiert ungläubig:

Partner: »Machst du Witze?«

Sie: »Sehe ich aus, als würde ich Witze machen? Übrigens hast du immer behauptet, ich hätte keinen Humor.«

Ihr(e) Partner(in) spielt den Psychologen:

Partner: »Wie kannst du sicher sein, dass du mich nicht mehr liebst?«

Sie: »Weil ich es dir sage.«

Ihr(e) Partner(in) ist eifersüchtig:

Partner: »Ich dachte es mir. Du hast eine andere.«

Sie: »Ich brauche niemand anderen, um dich verlassen zu wollen. Ich habe mir das lange überlegt.«

Ihr(e) Partner(in) ist verzweifelt:

Partner: »Wenn du mich verlässt, bringe ich mich um.«

Sie: »Sei nicht albern. Du kannst doch nicht mal eine Spritze aushalten.«

Ihr(e) Partner(in) ist rachsüchtig:

Partner: »Wenn du mich verlässt, bringe ich dich um.«

Sie: »Versuche es ruhig. Wenn du mir zu nahe kommst, rufe ich die Polizei.«

Beispiele bestimmter Charaktertypen und Situationen

Wenn Sie schüchtern sind

Das Gespräch zieht sich in die Länge, und Sie bekommen Angst, Ihr Anliegen gar nicht vortragen zu können, obwohl Sie es doch den ganzen Morgen vor dem Badezimmerspiegel geübt haben. Außerdem befürchten Sie, der Partner/die Partnerin könne die Oberhand gewinnen und Sie blamieren. Keine Panik.

Jetzt kommt es nur auf Ihre Gefühle an. Selbst wenn Sie den auf Sie niederprasselnden Anschuldigungen keinen zusammenhängenden Satz entgegenhalten können, wissen Sie doch, dass Sie im Recht sind. Es ist viel wichtiger, sich davon nicht abbringen zu lassen, als endlose Rechtfertigungen zu liefern. Halten Sie durch. Einer Trennung müssen (außer bei einer formalen Verbindung wie einer Ehe) nicht beide Partner zustimmen – auch wenn Ihnen das Gegenüber hier vielleicht widersprechen wird. Die Grundlage von Partnerschaften ist stummes Einvernehmen, und es genügt der Wille eines Beteiligten, um es zu zerstören. Hier kann man auch als schüchterner Mensch Mut beweisen.

Sie sollten:

- keine langen Reden halten, einfach und direkt sein
- sich nicht in eine nachteilige Position manövrieren lassen (»Du müsstest mal zum Logopäden«)
- sich nicht verzetteln
- ihre Gefühle in Form von Wut kanalisieren. Lassen Sie sich ruhig gehen. Das ist immerhin etwas.

Wenn Sie nicht gerne streiten

Kündigt sich ein Streit an, neigen Sie dazu, aufzugeben. »Lass uns das später besprechen.« Überlegen Sie sich das gut. Denn wenn Sie jetzt nicht Schluss machen, wie viele Streits müssen Sie dann noch erdulden, bis Sie das Thema wieder auf den Tisch bringen?
Falls Sie das nicht überzeugt, können Sie immer noch ohne direkte Konfrontation Schluss machen. Das ist nicht gerade glorreich, aber in Kriegszeiten … Am besten, Sie entwerfen ganz schnell einen entsprechenden Brief.

Wenn Sie kein Ausweichquartier haben

Falls einen weder die Eltern (die im Wohnwagen durch Südmarokko reisen) noch Freunde (die alle in Beziehungen leben) aufnehmen können, ist das sehr schade. Denn so muss man weiterhin mit dem oder der Ex zusammenleben. Falls er oder sie nichts dagegen hat. Hier müssen Sie Überzeugungsarbeit leisten. Ziehen Sie von sich aus auf das Sofa um. Sonst müssen Sie wahrscheinlich im Auto oder im Hotel schlafen. Solche Dinge sollte man besser vor der Trennung regeln. Genauso sollte man an den Personalausweis denken. Falls Sie aufgegriffen werden, würde Ihr(e) Ex Sie wahrscheinlich nicht bei der Polizei abholen.

Wenn die eigenen Eltern gegen die Trennung sind

Der Gedanke daran beschäftigt Sie selbst dann noch, wenn Sie schon dabei sind, sich zu trennen. Sind Sie vierzehn, haben Sie tatsächlich Grund zur Beunruhigung. Die Eltern haben recht und sitzen ohnehin am längeren Hebel. Aber in allen anderen Fällen: Widersprechen Sie! Was soll diese Einmischung in Ihr Privatleben? Von solchen Eltern hätten Sie sich zuallererst distanzieren müssen. Aber dafür sind wir nicht verantwortlich. Da halten Sie den falschen Ratgeber in der Hand.

Richtig reagieren

Sie verkünden Ihrem Partner oder Ihrer Partnerin, dass Sie ihn / sie verlassen werden.

Der Partner weint
Nicht umarmen, kein schlechtes Gewissen haben – einfach weggehen.

Der Partner wird wütend
Jetzt bloß nicht in die Falle tappen. Ruhig bleiben und Richtung Ausgang gehen. Falls Teller oder Kerzenleuchter fliegen: Nicht mit Beleidigungen reagieren. Den Ort des Geschehens wortlos verlassen; die Nachbarn nicht aufscheuchen.

Der Partner scheint gleichgültig
Zunächst prüfen Sie, ob Sie verstanden wurden, indem Sie den Satz laut und deutlich wiederholen. Keine Rechtfertigungen – es könnte sich ja auch um einen Trick handeln, der Sie verunsichern soll.
Übrigens: Bleibt der Partner gleichgültig, bitte nicht beleidigt sein.

Der Partner überholt mich rechts und verkündet, er / sie wolle Schluss machen
Hüten Sie sich vor übertriebenem Stolz und reagieren Sie philosophisch. Sie wollten zwar schneller sein, aber kommt es nicht letztlich darauf an, dass Schluss ist? In dieser Situation – die häufiger ist, als man glauben mag – sollte man es mit einer heiteren Bemerkung versuchen: »Das wollte ich gerade vorschlagen« oder »Du nimmst mir den Wind aus den Segeln«.

ERFAHRUNGSBERICHTE

»Ich habe während *Holiday on Ice* Schluss gemacht. Das war mein Tag X. Allerdings hatte ich den Geburtstag der Nichte meines Partners vergessen. Wir saßen also da und schauten Mickey und Minnie zu. Mein Freund und die Kleine waren begeistert. Ich selbst war bewegungsunfähig und total deprimiert. Auf einmal umarmte sie mich und fragte: ›Alles ok, Tantchen?‹ Da brannten mir die Sicherungen durch. Ich gab vor, zur Toilette zu müssen, und floh einfach. Das war effektiv, aber schmerzhaft. Seither achte ich immer sehr auf Geburtstage.«

Camille, 32, Verwaltungsangestellte, Ivry-sur-Seine.

»Ich war zu ihr nach Bayreuth gezogen, wo sie ihre Doktorarbeit über Wagner schrieb (*Von der Walküre bis zu Apocalypse Now – Ein romantisches Epos*). Doch bald schon war die Beziehung die Hölle. Sie war besitzergreifend, sehr eifersüchtig, manchmal gewalttätig. Ich wollte Schluss machen, aber sie drohte mir. Eines Tages erfuhr ich, dass meine Firma eine Zweigstelle in China eröffnen wollte. Heimlich lernte ich binnen sechs Monaten die Grundlagen des Mandarin. Mein Lehrer konnte es kaum glauben, denn er hatte noch nie einen Franzosen so schnell eine Fremdsprache lernen sehen. Seit ich hier bin, warte ich auf meine Versetzung. Denn eigentlich hasse ich Pekingente.

Damien, 33, Ingenieur, Peking.

»Manchmal macht man aus einer Mücke einen Elefanten. Ludovic und ich sahen uns kaum mehr, sprachen nicht mehr miteinander, und wenn, dann stritten wir. Ich schaute im Wohnzimmer DVDs, er im Schlafzimmer. Die Hälfte unserer sechs gemeinsamen Jahre hatten wir schon so zusammengelebt. Eines Tages wärmte er sich gerade eine Dose Ravioli in der Küche auf – ich kann den Geruch von Dosenravioli nicht ertragen – als es einfach aus mir herausbrach: ›Mir reicht's, ich verlasse dich.‹ Und prompt antwortete er: »Das trifft sich gut, ich dich auch.« Das war es dann, ganz ohne Streit. Wir trennten uns. Später erfuhr ich, dass er mich zwei Jahre lang mit einer Frau betrogen hatte. Das war hart, aber entscheidend ist, dass ich mich heute komplett von ihm gelöst habe. Ob Homo oder Hetero, alle Partnerschaften haben Probleme. Habt Mut und nehmt die erstbeste Ausfahrt. Das wahre Leben ist woanders.«

Guillaume, 35, Fahrlehrer, Limoges.

Wichtig!

- Eine Trennung muss ein wohl überlegter und bewusster Akt sein.
- Bereiten Sie sich vor.
- Greifen Sie zu allen Hilfsmitteln, die Ihnen zur Verfügung stehen.
- Arbeiten Sie eine Strategie aus.
- Zeigen Sie im entscheidenden Moment Stärke, und vermeiden Sie Fehler.

So wird Ihre Trennung ein Erfolg!

3

SINGLE WERDEN UND BLEIBEN

DEN RÜCKFALL VERMEIDEN

Wer seit einer Stunde, einem Tag oder einer Woche Single ist, muss nun lernen, es auf Dauer zu bleiben. Anders als beim Rauchen gibt es leider kein Pflaster, keinen Kaugummi oder anderen Ersatzstoff, der beim Entzug helfen würde. Man kann es mit Naschen, Sticken, Stricken oder Gymnastik versuchen, (endlich) Hobbys wie Feinmechanik oder Kochen ausleben und so weiter – aber der entscheidende Schutz vor einem Rückfall befindet sich im eigenen Kopf.

Der letzte Teil unseres Ratgebers soll helfen, die kleinen und großen Fehler zu vermeiden, die letztlich zu einem Rückfall in die Partnerschaft führen können. Die Herausforderung lautet:

JETZT BLOSS NICHT KNEIFEN!

Im Widerstreit der Gefühle

Schon 24 Stunden sind vergangen. Ein Gefühl der Euphorie breitet sich aus, zugleich haben Sie einen seltsamen Geschmack im Mund – vor allem, wenn Sie das große Ereignis am Vorabend mit Freunden begossen oder bis spät in die Nacht mit Ihrer Mutter oder Ihrem besten Freund in der Kneipe gesessen haben.

Sie sind allein oder in einem unbekannten Bett, vielleicht an einem gänzlich unerwarteten Ort aufgewacht. In der Badewanne eines Freundes, auf dem Sofa einer Freundin, im Auto. Reflexartig haben Sie neben sich gegriffen, aber da war niemand, jedenfalls niemand, den Sie kannten.[24] Sie müssen lächeln. Die Trennung an sich war gar nicht so schwer, aber irgendetwas stimmt nicht.

Das viel zu große T-Shirt, das Sie als Nachthemd tragen – stammt es nicht von ihm? Die Uhr, an der sie seit einer Viertelstunde herumspielen – war sie nicht ein Weihnachtsgeschenk von ihr? Ihre Augen füllen sich mit Tränen, Sie fühlen sich plötzlich sehr allein. Alles dreht sich. Sie flüstern seinen oder ihren Namen. Keine Panik, das ist ganz normal. Sie sind auf Entzug.

Ein komisches Gefühl in der Magengegend, fixe Ideen, Gedanken an den oder die Ex, Erinnerungsschübe ohne Vorwarnung, unkont-

24 Wir werden später noch darauf eingehen, dass es nicht ratsam ist, zu schnell nach einer Trennung wieder sexuell aktiv zu werden.

rollierte Schreie. Mit diesen Symptomen[25] müssen Sie in den kommenden Tagen und Wochen leben. Mit der Zeit werden sie weniger und hören irgendwann ganz auf. Die Dauer dieser Phase ist von Mensch zu Mensch verschieden, sie reicht von einigen Wochen bis zu mehreren Jahren.

Halten Sie sich nicht für stärker, als Sie tatsächlich sind. Fordern Sie das Schicksal nicht heraus. Räumen Sie alles weg, was an die zurückliegende Beziehung erinnern könnte. Jede Spur der ehemaligen Partnerschaft birgt die Gefahr des Rückfalls. Weshalb sollte man ein derartiges Risiko eingehen?

Notfallmaßnahmen:

- Ändern Sie den Bildschirmhintergrund Ihres Mobiltelefons (falls er Sie beide lächelnd im letzten Urlaub zeigt).
- Misten Sie Ihr Portemonnaie aus – aus demselben Grund.
- Löschen Sie alle Nachrichten von ihm oder ihr aus dem E-Mail-Posteingang,[26] die an schöne Zeiten der Beziehung erinnern könnten: »Gestern war es wunderbar«, »Du fehlst mir jetzt schon«, »Ich könnte nicht mehr ohne dich leben«.
- Heben Sie die Telefonnummer des / der Ex auf, aber speichern Sie diese unter anderem Namen ab. Am besten unter dem Vornamen (»Monika« oder »Gerhard« statt »Schätzchen« oder »Hase«).
- Löschen Sie ihren oder seinen Avatar von Ihrer Wii.

25 Es handelt sich um die berühmten »Entzugserscheinungen«, die Neurologen und anderen Suchtexperten bestens vertraut sind.
26 Verfahren Sie genauso mit SMS und anderen Nachrichtenspeichern.

Sich neu einrichten

Beim Aufräumen entdeckt man vielleicht Dinge, die ihm oder ihr gehörten: ihre Tagescreme, seinen Lieblingsfilm, seinen Gaskocher, ihren Werkzeugkasten, ihre Lampe, ein Paar Flipflops, eine Afro-Perücke, einen BH, eine Zigarettenmaschine, ihren Namen in Hieroglyphen auf einem Stück Pergament oder ein Paar Zehensocken. Selbst wenn diese Dinge gänzlich harmlos wirken, können Sie doch schwere Krisen auslösen. Greifen Sie aber nicht gleich zu den äußersten Mitteln, werfen Sie nichts weg, sonst könnte der oder die Ex das als Anlass zur Beschwerde nutzen.[27] Bringen Sie die Sachen lieber zurück und legen Sie sie vor die Tür des oder der Verflossenen.

Spezialfälle

Wer das ehemals gemeinsame Haustier bei sich hat, sollte die Beziehung zu diesem auffrischen, etwa den Fressnapf, das Halsband oder die Spielzeuge austauschen – und bei Fischen das Aquarium. Wer ein deutlich größeres Tier hüten muss, beispielsweise eine Kuh, eine Boa Constrictor oder einen Alligator, der hat sich wirklich zum Affen gemacht.

Wertvolle Geschenke (Schmuck, Markenschuhe, ein Plasmabildschirm) gehören Ihnen. Fühlen Sie sich nicht zur Rückgabe verpflichtet. Schmuck oder Schuhe sollten Sie einfach einige Zeit nicht tragen. Und suchen Sie einen neuen Platz für den Fernseher.

27 Achtung, das wiederum könnte ein Versuch sein, wieder mit Ihnen Kontakt aufzunehmen. Tappen Sie nicht in diese plumpe Falle.

Der Kalender der Angst

Während des Entzugs müssen einige emotional stark aufgeladene Feierlichkeiten vermieden werden. Melden Sie sich bei Ihrem oder Ihrer Ex wenigstens im ersten Jahr nach der Trennung nicht am Valentinstag, verbringen Sie Weihnachten nicht bei Ihren ehemaligen Schwiegereltern (oder bei den eigenen Eltern, auch wenn das nicht ganz so gefährlich ist), und besuchen Sie keine Silvesterpartys bei gemeinsamen Freunden. Jahrestage jeder Art sind strikt zu meiden – und davon gibt es viele: Geburtstage, der Jahrestag der Beziehung, der Jahrestag der Trennung … Lehnen Sie alle Einladungen ab, und sprechen Sie keine aus.

Notieren Sie hier die Daten, die Sie meiden müssen:

- __________
- __________
- __________
- __________
- __________
- __________

Programmieren Sie notfalls Ihre elektronischen Kalender so, dass Sie rechtzeitig gewarnt werden. Das ist eine einfache, aber effiziente Lösung bei unerwarteten Anrufen wie »Weißt du, dass heute Daniels Geburtstag ist?«; »Erinnerst du dich an unsere Liebesnacht im Strandhotel vor genau einem Jahr?«.

Letzte Zärtlichkeiten

Absolut zu vermeiden, egal welcher Natur sie sind. Auch dann, wenn es das letzte Mal sein soll. »Als Erinnerung an unsere gemeinsame Zeit« – sobald Sie diesen Satz hören, müssen Sie flüchten. Falls es dann nicht schon zu spät ist.

Wie man einen Rückfall vermeidet

- Gehen Sie lieber mit Freunden aus als allein.
- Ihre sexuellen Aktivitäten sollten moderat (noch besser: einsam) sein.
- Konzentrieren Sie sich auf Ihren Körper; treiben Sie Sport. So schütten Sie viele Endorphine aus.
- Sehen Sie lieber Action- statt Liebesfilme. Gut geeignet sind auch alle Filme aus Ingmar Bergmans letzter Schaffensperiode.
- Fußball oder Dokumentationen sind besser als Talkshows, außer letztere handeln von Beziehungsproblemen.
- Für Menschen mit besonders schwachem Willen bieten sich zur Abendlektüre Krimis an, in denen es um Beziehungstaten geht.
- Seien Sie auf der Hut, vor allem, wenn Sie etwas getrunken haben. Machen Sie keine unüberlegten Versprechungen.

Halten Sie in jedem Fall an der Überzeugung fest, die richtige Entscheidung getroffen zu haben.

Auf den richtigen Abstand kommt es an

Dabei geht es weniger um Geographie als um den Willen. Im Zeitalter der Kommunikationsmedien, Schnellzüge und Billigflieger ist der oder die Ex nie weit. Es nützt also nichts, sich tausende Kilometer von ihm oder ihr zu entfernen, indem man einen Job im australischen Busch annimmt oder beschließt, einfach von der Bildfläche zu verschwinden.

Die richtige Distanz hängt nämlich einzig von Ihrer Fähigkeit ab, der Versuchung eines Rückfalls zu widerstehen.
Wer sich selbst unter Druck setzt, tut sich dabei keinen Gefallen. Die erste Zeit ist sicher schwierig, aber nicht unüberwindbar. Vor allem dann nicht, wenn man einige Regeln beachtet, die der gesunde Menschenverstand nahelegt.

Wenn Sie noch zusammen wohnen:
Schlafen Sie getrennt. Das ist etwa so, als müsste ein ehemaliger Raucher eine Raucherkneipe eröffnen.
Richten Sie sich eine Ecke ein, die nur Ihnen gehört. Wer ein Arbeitszimmer hat, sollte dort schlafen. Und wem nur das Sofa im Wohnzimmer bleibt, der kann diesem zum Beispiel mit neuen Kissen eine persönliche Note verleihen. Jedenfalls müssen beide den neuen Privatbereich des anderen respektieren.
Essen Sie nicht mehr gemeinsam, und kochen Sie nur für sich. Vermeiden Sie exotische Gerichte, die den Appetit Ihres Verflossenen wecken könnten. Organisieren Sie den Tagesablauf so, dass Sie einander möglichst wenig begegnen.

Er oder sie könnte den kleinsten Anlass nutzen, um Ihnen Vorwürfe zu machen. Lassen Sie sich deshalb nichts zuschulden kommen: Räumen Sie Ihren Bereich auf, machen Sie den Abwasch und bringen Sie den Müll runter, wenn Sie dran sind. Aber bloß kein Übereifer, sonst wirkt es, als würden Sie unvorsichtig! Bleiben Sie wachsam.

Übrigens: Es kann sein, dass diese Form des Zusammenlebens plötzlich gar nicht mehr so unangenehm erscheint. Werden Sie nicht zum Putzteufel, und richten Sie es sich nicht zu gemütlich ein. Konzentrieren Sie sich auf Ihr einziges Ziel:

SO SCHNELL WIE MÖGLICH AUF ZU NEUEN UFERN!

Wenn Sie innerhalb der gleichen Stadt oder des gleichen Viertels umgezogen sind:
Gehen Sie nicht ständig an Ihrer alten Wohnung vorbei,[28] und meiden Sie Kneipen und Restaurants, die Sie früher gemeinsam besucht haben. Neutralität ist Trumpf. Auch in anderen Lokalen kann man gut essen.

28 Wenn Sie in derselben Straße oder gar im selben Haus wohnen wie früher, ist das natürlich nicht so leicht.

Bei eventuellen Begegnungen mit dem oder der Ex sollten Sie beschäftigt wirken – und notfalls lügen: »Ich habe keine freie Minute mehr.« Treffen Sie ihn oder sie in Begleitung, wechseln Sie bloß nicht die Straßenseite. Das wäre peinlich. Bleiben Sie höflich, selbst wenn die oder der Ex bis über beide Ohren strahlt, neu eingekleidet ist und eine schicke neue Frisur hat. Schluss mit Jogginghosen und Turnschuhen? Zeigen Sie sich unbeeindruckt. Vielleicht ist das alles ja absurdes Theater.

Wenn Sie im Ausland sind: Gott schütze Sie.

Aus den Augen, aus dem Sinn

Manchmal hilft eine Reise über schwierige Zeiten hinweg. Aber übertreiben sollte man es dabei nicht – also kein Trekkingurlaub in Tibet, keine Kreuzfahrt zu den Kerguelen oder andere Extremsituationen. Genießen Sie stattdessen ein paar Tage Dolcefarniente. Kälte, Stürme, große Höhen oder Angst könnten Sie die beruhigende Umarmung des Expartners vermissen lassen.

Wir schlagen einen Urlaub von ein bis zwei Wochen Dauer vor. Das Ziel sollte nicht mehr als zwei Flugstunden entfernt sein und nach Möglichkeit in der Sonne liegen. Fahren Sie nicht ins Ferienhaus Ihrer Großeltern, auch wenn es noch so schön gelegen ist, sonst werden Sie ständig nach Neuigkeiten von Ihrer/m Ex gefragt.

Wenn Sie knapp bei Kasse sind, nicht mehr auf das ehemals gemeinsame Konto zugreifen können oder keine Urlaubstage mehr übrig haben, dann entspannen Sie sich beim Surfen im Netz. Entdecken Sie die schönsten Bauwerke der Welt ganz in Ruhe, im Schein einer Höhensonne.

STELLEN SIE DIE PHANTASIE IN DEN MITTELPUNKT IHRES NEUEN LEBENS!

Er oder sie fehlt Ihnen

Sie wollen mit ihm oder ihr sprechen, einen Brief schreiben, und sei es nur, um sicherzugehen, dass Sie noch nicht durch jemand anderen ersetzt wurden?

Jetzt nur nichts überstürzen. Vergessen Sie nicht, wir leben im Zeitalter der grenzenlosen Kommunikationsmöglichkeiten. Vorbei die Zeit, als man zur Telefonzelle gehen oder umständlich einen Brief aufgeben musste und den schwachen Moment fast schon überwunden hatte, während man am Schalter wartete.

Heute, in Zeiten von Breitbandinternet und Funktürmen, steckt Ihr schlimmster Feind in der Hosentasche oder liegt auf dem Nachttisch. Er heißt Mobiltelefon oder Smartphone.[29]

Ein Abend voller Katzenjammer oder ein Morgen mit Katerstimmung genügen, und schon ist die fatale Nachricht verschickt: »Du fehlst mir.« Noch schlimmer ist, die Mailbox mit pathetischen Bekenntnissen zu überschwemmen: »Ohne dich bin ich nichts«, »Ich habe gehört, dass du dich wieder mit Heinz triffst«, »Wo bist du?«, »Melde dich!«.

29 Letzteres ist besonders gefährlich, weil man damit nicht nur telefonieren und SMS verschicken, sondern auch E-Mail senden und soziale Netzwerke wie Facebook aufsuchen kann.

NEIN, NEIN UND NOCHMALS NEIN!

Das ist doch wirklich kein schönes Szenario! Ihr/e Ex kann sich nun Ihrer baldigen Rückkehr gewiss sein und wird sich einen Spaß daraus machen, nicht zu reagieren oder Desinteresse vorzuspielen.

Über den richtigen Gebrauch der modernen Kommunikationsmittel

Wenn Sie nicht auf dieses Teufelszeug verzichten können, gebrauchen Sie es wenigstens moderat.

Ein paar Tipps:

- Rufen Sie nur an, wenn das Bedürfnis überwältigend ist und Sie das Gefühl haben zusammenzubrechen. Aber höchstens einmal wöchentlich. Sie müssen lernen, die Entzugserscheinungen auszuhalten.
- Sprechen Sie bei diesen Gelegenheiten nur über Technisches wie die Miete oder die Auflösung des gemeinsamen Kontos.
- Gleiches gilt für SMS, bleiben Sie pragmatisch: »Hast du die Bank angerufen?«, »Ich hinterlege deinen Werkzeugkoffer an der Rezeption«.
- Besorgen Sie sich ein Programm, das impulsives Versenden von E-Mails begrenzt. Sie müssen dann vor jedem Absenden eine Frage beantworten oder eine Rechnung lösen. So vermeiden Sie übereilte Aktionen, die Sie den Rest des Tages bereuen.
- Wer ernsthaft gefährdet ist, sollte seine Karte in stundenlangen Gesprächen mit der Mutter oder der besten Freundin leer tele-

fonieren. So ist das Redebedürfnis befriedigt und die horrenden Kosten zusätzlicher Telefonate halten Sie davon ab, vorschnell zum Hörer zu greifen.

NEHMEN SIE IHR NEUES LEBEN IN DIE HAND

Vielleicht sind Sie jetzt zum ersten Mal seit langem Single. Verstörend, oder? Man glaubt, zwei linke Hände zu haben, verliert ständig alles (»Diese bescheuerte Fernbedienung!«), die Abende scheinen endlos lang, und man hat ständig das Gefühl, etwas oder jemand fehle. Selbst der Goldfisch in seiner neuen Glaskugel wirkt traurig.

Trösten Sie sich: Sie haben eine wichtige Etappe zurückgelegt, aber noch nicht das letzte Wegstück. Das Single-Leben will gelernt sein. Man muss es sich geradezu erarbeiten. Das wird Ihr schönstes Erfolgserlebnis. Denken Sie daran, welche Opfer ein Leistungssportler bringen muss, bis er eine Medaille erringt.

Machen Sie sich eine Freude

Belohnen Sie sich!

Machen Sie sich regelmäßig kleine Geschenke, und feiern Sie jeden Sieg über den eigenen Willen oder den Beginn eines neuen Abschnitts – etwa, wenn Sie drei Tage lang die Mailbox nicht abgehört oder zwei Tage nicht an sie oder ihn gedacht haben. Zögern Sie nicht, gönnen Sie sich das neue Hemd oder die Handtasche.

Solche Belohnungen verstärken Ihre Entschlossenheit und bestärken Sie in Ihren Entscheidungen – wie bei einem Schriftsteller, der einen Preis erhält oder einem Züchter, dessen Stier bei der Landwirtschaftsmesse ausgezeichnet wird. Ihre Bemühungen werden nicht nur anerkannt, sondern belohnt.

Sich selbst verwöhnen – aber richtig

Für Feinschmecker:

- Bereiten Sie ein kaltes Buffet zu, und laden Sie Freunde ein.
- Gönnen Sie sich lieber kein mehrgängiges Menü. Ein ausgedehntes Essen bei Kerzenschein inmitten von Pärchen wird Ihre Stimmung nicht gerade heben. Wählen Sie entweder Käseplatte oder Dessert, nicht beides. Und achten Sie auf Ihr Gewicht!

Für Modebewusste:

- Das ist *die* Gelegenheit, sich neu einzukleiden!
- Probieren Sie ruhig einen neuen Look aus, aber lassen Sie sich von der Verkäuferin nicht bequatschen. In Grün sahen Sie immer schon wie eine Stange Lauch aus.

- Auch eine neue Frisur oder ein Besuch im Schönheitsstudio sollten nicht zu radikale Veränderungen nach sich ziehen. Irokesenschnitte oder ein kahl rasierter Schädel sind zu vermeiden.

Für Filmfans:

- Nutzen Sie die neu gewonnene Freiheit zum Besuch des nächsten avantgardistischen Filmfestivals.
- Suchen Sie im Internet nach Meisterwerken, die Ihnen noch fehlen – auf die Gefahr hin, dass Sie ein kleines Vermögen dafür ausgeben. Erotikfreunden sei die Sammlerausgabe von *Im Reich der Sinne* empfohlen.
- Halten Sie nach Bildern Ihrer Lieblingsstars Ausschau: Michel Simon, Johnny Depp, Bambi, Pamela Anderson …
- Vergessen Sie nicht zu schlafen!

Lieben Sie sich selbst – Sie haben es verdient!

Seien Sie stolz auf das, was Sie erreicht haben. Das dient nicht nur Ihrer Ausgeglichenheit und persönlichen Entwicklung, sondern auch der Allgemeinheit, der Sie ein Vorbild sein können.

Zählen Sie die Tage. Sie werden merken, dass jeder neue Tag Sie der endgültigen Befreiung ein Stück näherbringt. Vielleicht hilft es, ein Stück Holz mit Markierungen zu verzieren, um den bereits zurückgelegten Weg zu visualisieren.

Die Zeit ist auf Ihrer Seite! Symptome wie Schlaflosigkeit, Bauchkrämpfe oder Hämorrhoiden[30] nehmen schon bald ab.

30 Diese Aufzählung ist rein empirisch und nicht vollständig. Unserem Kenntnisstand nach gibt es keine klinisch überprüfte Darstellung der nach einer gewollten Trennung auftretenden Traumatisierungen.

Ein Blick in den Spiegel zeigt, dass Sie Ihren jugendlichen Teint zurückgewonnen haben, die Haare nicht mehr strohig und die Pickel auf der Nase verschwunden sind. Lassen Sie sich das im Zweifelsfall von Ihren Freunden bestätigen, auch wenn deren Reaktionen etwas übertrieben ausfallen mögen: »Du siehst zehn Jahre jünger aus!«, »Ich hätte dich fast nicht erkannt!«. Solche Äußerungen dokumentieren einfach, dass Ihre bislang eingeengte wahre Persönlichkeit jetzt wieder zutage treten kann. Sie sind Colette, Josephine Baker, Batman[31] oder Fabrice del Dongo.
Beglückwünschen Sie sich: Sie bewegen sich in die richtige Richtung, auch wenn Sie manchmal vom Weg abzukommen drohen. Dieses Risiko birgt jede große Herausforderung. Machen Sie sich keine Vorwürfe, und hören Sie auf Ihren Körper, den Sie Stück für Stück wiederentdecken. Und in dem Sie sich immer wohler fühlen.

EINE NEUE WELT ERÖFFNET SICH IHNEN. LERNEN SIE, WIE MAN SIE EROBERT.

Übrigens: Wir raten stark davon ab, sich zu früh in neue Abenteuer zu stürzen. Auf diesen Punkt gehen wir ab Seite 113 näher ein.

31 Ist Ihnen schon aufgefallen, dass die großen Helden alle Single sind?

Den Alltag neu gestalten

Wer eine Partnerschaft beendet hat, lebt plötzlich in einem anderen Universum. Wie der intergalaktische Reisende im Comic aus Kindertagen entfernten Sie sich blitzschnell viele Milliarden Kilometer von Ihrer Basisstation, sind Meteoritenregen, Magnetfeldern und schwarzen Löchern ausgesetzt.

Eine Kolonie von klebrigen Echsen in Positivionen-Raumschiffen lauert Ihnen im Gebiet von Night-Cluba auf und beschießt Sie mit Laserkanonen. Ein lautes Grollen zerreißt Ihnen fast das Trommelfell. Ihr ganzer Körper zittert wie in Trance. Sie müssen irgendwie durchhalten, nur nicht aufgeben.
Dann wachen Sie auf.

Solche Alpträume sind in den ersten Wochen nach einer Trennung nicht selten.[32] Sie zeugen von der Angst vor dem Unbekannten und von einer gewissen sexuellen Unsicherheit.
Schluss mit stinkenden T-Shirts, Hausschuhen mit Bommeln und spontanen, flüchtigen Zärtlichkeiten.
Wir raten, während dieser Zeit keine anregenden Substanzen (Kaffee, Tee, Kokain, Ecstasy) zu konsumieren. Ein Kamillentee vor dem Zubettgehen sorgt für ruhige Nächte. Natürlich nur, wenn Sie nicht

32 Frauen träumen eher von feuchten, undurchdringlichen Dschungeln, die von stark behaarten Hominiden bevölkert werden.

jeden Abend ausgehen. Ausnahmen sind erlaubt, etwa ein wichtiges Fußballspiel Ihres Vereins oder ein Abend mit den Mädels.

Die Phase der Anpassung

Sie werden sich den Veränderungen in Ihrem Leben anpassen müssen. Die Herausforderung besteht darin, das Leben allein in die Hand zu nehmen.

Zumal Sie gar keine Wahl haben! Wenn Sie die Küche betreten, wartet kein dampfender Kaffee mehr auf Sie. Es fehlt das vertraut-missbilligende Grummeln Ihrer Partnerin, wenn Sie mit vollem Mund sprechen. Und die Frauen unter Ihnen sollten besser nicht mehr an seine morgendliche Erektion denken, die in letzter Zeit nur noch selten einen Anlass für Sex geboten hatte.

Kaufen Sie sich eine programmierbare Kaffeemaschine und ein Haustier, machen Sie Yoga, oder duschen Sie kalt.

Neue Gewohnheiten

Selbst die größten Abenteurer hängen an ihren alltäglichen Gewohnheiten. Indiana Jones und Captain Haddock frühstücken zur gleichen Zeit. Hercule Poirot zeigt sich nicht gern in der Öffentlichkeit, ohne seinen Schnurrbart gepflegt zu haben.

Und doch: Die neue Situation verlangt nach Änderungen, und sei es nur, damit man nicht ständig dem alten Leben zu zweit nachhängt. Es war so einfach, sich mittags an den gedeckten Tisch zu setzen oder immer den Partner fahren zu lassen und selbst auf dem Beifahrersitz zu dösen.

Brechen Sie mit Ihrem alten Leben

Übertreiben Sie es am Anfang ruhig ein bisschen, und machen Sie die Dinge betont anders als in Ihrem früheren Leben:

Wer nackt schlief, probiert Schlafanzug oder Nachthemd aus.

Wer immer zu spät kam, ist zur Abwechslung pünktlich (oder umgekehrt).

Versuchen Sie es mit gepunkteten Krawatten, einer Baskenmütze, Overknees, einer Chapka im Winter und einem Sombrero im Sommer, Häkelkissen oder Flipflops mit Blümchen.[33]

Es lebe die Abwechslung

Machen Sie lange Spaziergänge, und entdecken Sie dabei neue Strecken. Gehen Sie zur Abwechslung rechts statt links am Denkmal im Park vorbei. Erkunden Sie Ihre Stadt mit dem Blick des Touristen. Wie ein Drogenabhängiger, der von seiner Sucht befreit ist, werden Sie langsam die einfachen Freuden des Lebens wiederentdecken: ein Lächeln, endlos lange Beine, ein Schokoladenéclair, ein Paar wunderschön geformte Waden, gerade so stark behaart wie nötig, ein frisches Bier.

DIE WELT STEHT IHNEN OFFEN.

33 Ideal zum Sombrero.

Wie ein Kind, das laufen lernt, lassen Sie sich zunächst an der Hand führen. Dann halten Sie sich an einzelnen Möbeln fest, und eines Tages laufen Sie – ohne genau zu verstehen, wieso – alleine los. Das ist der entscheidende Schritt, den jedes Baby macht. Nun schaffen Sie es, sich aufrecht zu halten.
Willkommen unter den Menschen.
Wie ein ehemaliger Raucher nach einigen Tagen wieder besser atmen kann, haben Sie nun Gefühle, die Sie längst vergessen glaubten: »Ich werde mir jetzt ein leckeres Nutellabrot machen.«
Das Leben sieht wieder rosig aus.

Dem Alltag neuen Zauber verleihen

Oder: Was die konnten, können Sie auch

Die großen Staatsmänner: Von ihnen können wir lernen, schlechte Zeiten zu überwinden, wie es Roosevelt mit dem New Deal gelang. Seien Sie so kreativ wie Gorbatschow, der die UdSSR neu erfand, machen Sie Feste und Vergnügen zu einer Kunstform, wie es Ludwig XIV. gelang.
Die großen Denker: Lassen Sie sich von deren Angewohnheiten inspirieren. Immanuel Kant machte jeden Tag einen meditativen Spaziergang, Victor Hugo badete bei jedem Wetter im Meer. Oder tafeln Sie im Kreise von Freunden wie einst Sokrates.
Die großen Künstler: Erschaffen Sie Ihr eigenes Kunstprojekt, wie zum Beispiel Sophie Calle: Fotografieren Sie Fremde auf der Straße, oder bitten Sie einen Privatdetektiv, ihn begleiten zu dürfen. Schließen Sie sich eine Weile mit einem Schakal ein – oder, falls Sie keinen zur Hand haben, dem Hund der Hausmeisterin –, wie es einst Joseph Beuys tat, oder, noch besser, machen Sie es wie der Briefträger Cheval und bauen 30 Jahre lang an Ihrem »idealen Palast«.
Die großen Erfinder: Wer sich in den drei voranstehenden Kategorien nicht heimisch fühlt, sollte wenigstens versuchen, sich nützlich zu machen! Bereits vergeben sind: Der Buchdruck (Gutenberg), die Glühbirne (Irving Langmuir), der Kühlschrank (Ferdinand Carré), die Chipkarte (Roland Moreno), die Kevlar-Faser (Stéphanie Kwolek), der Kaffeefilter (Melitta Benz), der beutellose Staubsauger (James Dyson) …

Strengen Sie sich ein bisschen an, vielleicht wird aus Ihnen ja der Sokrates, die Sophie Calle oder der Irving Langmuir des dritten Jahrtausends!

UND WAS IST MIT DER LIBIDO?

Achtung

Wer sich hoffnungsvoll auf diesen Teil unseres Manifests gestürzt und die voranstehenden Kapitel übersprungen hat, der möge die Lektüre bitte von vorne beginnen.

Was dort steht, ist von größter Bedeutung.

Eine Trennung ist ein Prozess, der mit allergrößter Sorgfalt durchgeführt werden muss.

Beim ersten Lesen dieses Buchs raten wir Ihnen deshalb, sich an die von uns entwickelte Struktur zu halten. Das Buch ist so aufgebaut, dass Sie Ihr Ziel erreichen können. Das ist das Wichtigste. Danach steht es Ihnen frei, bestimmte Abschnitte zur Vertiefung noch einmal zu lesen, bevor Sie zur Tat schreiten.

Und was ist mit der Libido?
Single sein heißt nicht, gänzlich auf Sexualität zu verzichten. Sie haben ein Recht darauf, und wir wollen schließlich weder Mönch noch Nonne aus Ihnen machen – obwohl die Konzentration auf das Geistige manchmal zu ekstatischen Zuständen führen kann, denen auch ein Dalai Lama nicht abgeneigt wäre.
Prosaischer ausgedrückt: Dieser letzte Abschnitt soll Ihnen helfen, bei der nächsten Begegnung nicht wieder in die Beziehungsfalle zu tappen. Nachdem Sie nun mühsam Ihre Freiheit wiedererlangt haben, wäre es doch beinahe tragisch, sofort mit dem oder der Nächstbesten eine neue Beziehung einzugehen.

Enthaltsamkeit – Ja oder Nein?

Das hängt von Ihren persönlichen Bedürfnissen und Ihrem Charakter ab. Überstürzen Sie jedenfalls nichts. Sie sind momentan in der Rekonvaleszenzphase und haben gerade erst gelernt, ohne Krücken zu gehen. Gehen Sie nicht auf die Jagd, und meiden Sie Swingerclubs.

Besonders wichtig ist die sexuelle Abstinenz für empfindliche Gemüter, Romantiker/-innen, Beziehungsneulinge und alle, die eine lange – über zehn Jahre dauernde – Partnerschaft beendet haben. Denn solche Menschen laufen Gefahr, sich vom ersten Kuss an einwickeln zu lassen. Seien Sie also vorsichtig. Mit Fingerfertigkeit und viel Gelenkschmiere werden Sie diese Zeit schon überstehen! Außerdem hilft Ablenkung: Lernen Sie Bridge oder die Kunst des Wei-

denflechtens. Beides sind Tätigkeiten, die sehr viel Konzentration erfordern und die Hände beschäftigt halten.
Wer schon einmal einen Rückfall hatte und deshalb weiß, was auf dem Spiel steht, sollte sich der Sexualität nur schrittweise zuwenden und bei den ersten Begegnungen auf der Hut sein. Sex am ersten Abend ist Tabu. Versuchen Sie, Herr der Situation zu bleiben, was auch geschehen mag. Wenn Sie ausgehen, wählen Sie sexuell neutrale Begleiter, etwa Familienmitglieder, Fußballkumpel etc. Sollte der Druck zu stark werden, können Sie per Instant Messaging mit einer Kollegin / einem Kollegen im Büro flirten – aber nur, wenn er oder sie bereits liiert ist. So besteht von vornherein keine Aussicht auf eine dauerhafte Beziehung.
Alle anderen sollten sich wie immer verhalten. Sie waren noch nie besonders treu oder gefühlsduselig. In Ihrer Lage spricht nichts dagegen, weiterzumachen wie bisher. Da stellt sich doch die Frage, weshalb Sie eigentlich in einer Beziehung waren.

Die ersten Schritte in freier Wildbahn

Wer kein unverbesserlicher Frauenheld ist, sollte wissen, dass ein frisch getrennter Single nur selten attraktiv wirkt.[34] Denn an seinem Verhalten lässt sich sein Zustand allzu deutlich ablesen, er ist entweder zu sehr auf der Suche oder zu gehemmt. Es ist eben noch zu früh. Die zurückliegende Beziehung ist noch nicht verarbeitet. Selbst wenn die Trennung von Ihnen ausging und überwunden scheint – nach zwei Gläsern Wein können Sie sich nicht mehr zurückhalten und verderben Ihrem Gesprächspartner den Abend.

Und es entstehen Kollateralschäden, denn Sie werden einen Korb nach dem anderen bekommen. Diese negativen Erfahrungen werden nicht gerade dazu beitragen, dass Sie Ihren Singlestatus akzeptieren.

Bleiben Sie ruhig und lassen Sie die Hände in den Taschen. Es ist immer noch besser, schüchtern oder dämlich zu wirken als verzweifelt. Unterhalten Sie sich mit Ihrem Goldfisch oder Ihrem Spiegelbild. Lassen Sie sich Zeit. Nutzen Sie diese Phase, um neue Freunde zu gewinnen und Ihr Adressbuch mit Blick auf bessere Zeiten aufzupolieren.

Weshalb lernen Sie nicht tanzen? So können Sie gefahrlos mit anderen Körpern in Berührung kommen. Ein Tanz wie Salsa ist allerdings zu sinnlich und birgt Risiken. Lernen Sie lieber die klassischen Gesellschaftstänze. Schlimmstenfalls verstauchen Sie sich den Fuß oder bekommen einen Hexenschuss.

34 Bei Frauen ist es umgekehrt, aber auch diese sollten sich nicht dem Erstbesten in die Arme werfen.

Die Verlockungen des Internet

Sie sind der Traumkunde aller Online-Partnerbörsen. Im Schutze der Anonymität durchsuchen Sie tausende von Profilen; die Auswahl scheint unendlich. Ihnen schwirrt der Kopf; von so etwas haben Sie immer geträumt. Nach einer zu langen Fastenzeit sind Sie nun Bulimiker, denn das Online-Dating ist kaum möglich, wenn man in einer Partnerschaft lebt.[35] Sie treten mit zahllosen Suchenden in Kontakt, Ihre Phantasie überschlägt sich.

Steigern Sie sich nicht hinein; denken Sie an die vielen Paare, die sich nach zwei oder drei oft enttäuschenden Treffen zusammenfinden. Schlimmer noch, bedenken Sie, dass manche Seiten damit werben, wie viele Ehen sie bereits gestiftet haben oder wie viele Kinder mit ihrer Hilfe entstanden sind. Es ist also höchste Vorsicht geboten.

Gleiches gilt für – sprechen wir offen – Sexseiten, die Sie nur sinnlos erregen und Ihre Willensstärke gefährden. Diese Empfehlung gilt vor allem für Männer, weil Frauen einen geringeren Trieb haben, so heißt es wenigstens.

In dieser schwierigen Zeit kann es zu Anfällen von zwanghaftem Shopping kommen. Hüten Sie sich vor Sonderangeboten oder phantastischen Rabatten im Internet. Natürlich kann sich so etwas lohnen, aber brauchen Sie den Doppelhelix-Staubsauger oder das Hightech-Telefon wirklich?

Überlegen Sie gut, bevor Sie Ihre Kreditkartennummer eingeben.

35 Oder man organisiert das vom Büro aus – auf eigene Gefahr.

JÄGER oder Romantiker?

? QUIZ TEST

1. Auf einem Fest werden Sie zum Tanz aufgefordert:

☐ a) Sie täuschen einen Krampf vor.

☐ b) Sie lassen Ihre/n vorherige/n Partner/in einfach stehen.

☐ c) Sie nuscheln etwas und nehmen die Einladung an.

2. Auf einem Spaziergang bittet Sie ein/e Unbekannte/r um Feuer:

☐ a) Sie finden Ihr Feuerzeug nicht.

☐ b) Sie laden ihn oder sie auf einen Kaffee ein.

☐ c) Sie halten einen Vortrag über die Gefahren des Rauchens.

3. Er oder sie lächelt Sie an:

☐ a) Sie ignorieren es oder laufen von Kopf bis Fuß rot an.

☐ b) Sie sitzen schon auf ihrem / seinem Schoß.

☐ c) Sie vertiefen sich in Ihr Weinglas.

4. Sie haben den Mann / die Frau Ihres Lebens im Bus entdeckt:

☐ a) Sie steigen an der nächsten Haltestelle aus.

☐ b) Das ist einer Ihrer Expartner.

☐ c) Sie steigen an der Endstation aus.

Auswertung

Überwiegend a:
Sie sind durch und durch romantisch. Erstaunlich, dass Sie sich überhaupt getrennt haben. Halten Sie durch. Lesen Sie noch einmal *Madame Bovary*, sehen Sie sich *Die Simpsons* in Endlosschleife an, und gehen Sie so wenig wie möglich aus.

Überwiegend b:
Sie sind ein/e unverbesserliche/r Jäger/in. Doch vergessen Sie nicht, dass niemand vor einer unglücklichen Begegnung gefeit ist. Sie haben bereits einen großen Fehler gemacht – das soll Ihnen eine Lehre sein.

Überwiegend c:
Sie stellen sich schrecklich ungeschickt an. Deshalb sieht Ihre Zukunft recht friedlich aus – falls Sie nicht jemandem begegnen, der noch ungeschickter ist als Sie. Denken Sie nur an Cary Grant in *Leoparden küsst man nicht*.

Wenn Sie am Ende Ihrer Kräfte sind

Viele Wochen sind vergangen, und die Lust siegt über die Vernunft. Beim Anblick des knackigen jungen Tänzers oder der geheimnisvollen Rothaarigen auf der Straße können Sie kaum mehr an sich halten.

Und was spräche dagegen? Zumal es eine deutliche Message für den/die Ex wäre. Und eine Art Lackmustest für Sie. Eroberungen stärken das Selbstbewusstsein.[36]

Doch stürzen Sie sich nicht blind ins Abenteuer. Bedenken Sie, in welche Lage Ihr übersteigertes Selbstvertrauen Sie das letzte Mal gebracht hat. Um nicht wieder die gleichen Fehler zu machen, ist es wichtig, dass Sie sich gewisse Regeln auferlegen – und sich auch daran halten.

Nicht länger als zehn Tage

Ihre Beziehung darf nie länger als zehn Tage dauern. In zehn Tagen (ein Wochenende eingeschlossen) haben Sie genügend Zeit, einander zu genießen. Lassen Sie sich gehen, geben Sie sich hin. Ihr einziges Ziel sollte es sein, gute Erinnerungen zu hinterlassen.

Wenn Sie Angst haben, sich zu verlieben, setzen Sie sich ein Ultimatum, und halten Sie es unter allen Umständen ein (z. B.: Schluss machen am Freitag um 21 Uhr).

36 Und zwar unabhängig von Ihren Kapazitäten und bisherigen Erfahrungen.

Denken Sie an die nächste Beziehung

Denken Sie von der ersten Minute Ihrer neuen Beziehung bereits an das nächste Verhältnis. Aus diesem Grund ist auch die erwähnte Pflege Ihres Adressbuchs wichtig. Und werfen Sie weiter die Angelhaken aus.

Neben dem rein sexuellen Aspekt können Sie sich so in relativ kurzer Zeit ein neues soziales Umfeld aufbauen. Denn bei einer Trennung verliert man im Durchschnitt die Hälfte seiner Freunde.

Mehrere Affären gleichzeitig?

Auf den ersten Blick scheint das vor Rückfällen zu schützen. Aber Vorsicht: Don Juan zu sein ist ein echter Beruf. Man benötigt nicht nur solide Fachkenntnisse, sondern auch die entsprechenden Ressourcen, und zwar moralische – man muss ständig lügen – wie materielle – die Kosten für Restaurants, Kinos und Hotels vervielfachen sich.

Übernehmen Sie sich nicht. Beginnen Sie mit einem, höchstens zwei Verhältnissen.

Die eigenen Grenzen kennen

Umgeben Sie sich nicht mit zu schönen Menschen, in die Sie sich verlieben könnten; aber auch nicht mit zu hässlichen, die sich wiederum in Sie verlieben könnten. Wählen Sie den goldenen Mittelweg. Aus dem gleichen Grund sollten Sie Menschen aus der gleichen sozialen Schicht bevorzugen. So bewegen Sie sich auf bekanntem Terrain und wissen, woran Sie sind.

Das mag Ihnen ungerecht erscheinen und ist es auch. Aber leider herrscht in der Natur das Gesetz des Stärkeren.

Wer von diesen Regeln abweichen möchte, sollte warten, bis etwas mehr Zeit verstrichen ist.

Drei Merksätze:

- »Das Single-Dasein ist ein empfindlicher Zustand, auf den man sehr gut achten muss.«
- »Es bringt nichts, jemandem das Blaue vom Himmel zu versprechen, um zum Ziel zu kommen.«
- »Zum Single-D3asein gehören Abstinenzphasen wie das Fasten zum Glauben.«

Wenn die Situation außer Kontrolle gerät

Jetzt sind Sie beide schon drei Tage am Stück zusammen. Alle Alarmglocken schrillen. Sie wissen nicht, wie Sie das Unglück noch verhindern sollen, und sehen sich mit hoher Geschwindigkeit auf die Wand zufahren.
Die folgende kleine Checkliste kann Ihnen helfen, das Geschehen zu analysieren und die nötigen Entscheidungen zu treffen.
Kopieren Sie die Liste, und tragen Sie diese stets bei sich.

Untrügliche Zeichen:

Beim anderen:

- Er (sie) will Ihnen Familie oder Freunde vorstellen. Lehnen Sie das kategorisch ab (vor allem Treffen mit der Familie).
- Er (sie) ruft sie täglich mehrfach an. Gehen Sie nur jedes dritte oder vierte Mal ans Telefon.

- Sie entdecken seine (ihre) Zahnbürste in Ihrem Bad. Machen Sie ihn (sie) höflich, aber bestimmt darauf aufmerksam, und bitten Sie darum, dass die Grenzen Ihres Territoriums respektiert werden.
- Sie finden seine (ihre) Strümpfe auf dem Fußboden. Sie waren also nicht deutlich genug. Erläutern Sie nochmals das Prinzip der Territorialität, und geben Sie anschauliche Beispiele, etwa den Hundertjährigen Krieg, Menschen, die von Tigern angefallen werden, oder die Teilung Belgiens.
- Nach dem Sex studiert er (sie) ausgiebig den Immobilienteil und beschwert sich über seine (ihre) derzeitige Wohnsituation.
- Beim Nachtisch erzählt er (sie), auf eine Beförderung verzichtet zu haben, um bei Ihnen bleiben zu können. Behaupten Sie, noch in derselben Woche eine lange Reise antreten zu müssen.
- Er (sie) ist eifersüchtig. Ergreifen Sie die Flucht.

Diese Liste ist nicht vollständig. Die Wege der Partnerschaft sind – wie die des Herrn – unergründlich.
Es kann auch sein, dass Sie selbst für die Situation verantwortlich sind. Sie haben den Steuerknüppel losgelassen, sind eingenickt und fliegen nun blind durch die Nacht.

Untrügliche Zeichen:
Bei Ihnen selbst:

- Sie rufen ihn (sie) an, sobald er (sie) aus der Tür ist. Reißen Sie sich zusammen. Sie riskieren eine Hochzeit bis Mitte nächsten Monats.
- Bei der ersten Gelegenheit haben Sie die Pantoffeln (»Ich habe

schnell kalte Füße«) und die Zahnbürste mitgebracht (»Ich neige zu Karies«). Schalten Sie den Autopilot aus, denn es stehen Turbulenzen an.

- Sie mögen seine (ihre) Eltern und Geschwister. Erscheinen Sie splitternackt zum nächsten Essen im Familienkreis. Das schafft automatisch etwas Distanz.
- Sie finden seine (ihre) Wohnung hell, gut aufgeteilt, die Küche funktional. Beten Sie, dass er (sie) sobald wie möglich hinauswirft.
- Sie werden eifersüchtig. Das ist das Schlimmste, was Ihnen passieren kann. Sie haben die Kontrolle über die Maschine verloren.

Nun sind Sie für ein sexuell erfülltes Single-Leben gewappnet und vor den Risiken gewarnt.

Wir haben all unsere Vorschläge selbst getestet und eine Erfolgsquote von 75 Prozent erzielt.

Die 25 Prozent Misserfolg beruhen normalerweise auf schweren Fehlurteilen – etwa wenn man sich in die Schwiegermutter oder den Tangolehrer verliebt oder Alkohol und andere unangemessene Substanzen konsumiert.

Sie können es schaffen!

UND JETZT SIND SIE DRAN.

ERFAHRUNGSBERICHTE

»Vor kurzem habe ich einen Mann kennengelernt. Schon vor unserem ersten Treffen war ich überdurchschnittlich aufgeregt und dachte: Achtung, mach nicht wieder den gleichen Fehler. Und kurze Zeit später wohnte er schon bei mir. Ich dachte, ich wäre glücklich, aber in Wahrheit verschlechterte sich mein Zustand von Tag zu Tag. Mal lachte ich, mal weinte ich, es war schizophren. Und er fühlte sich nicht mehr wohl. Eines Tages entdeckte ich auf der Polizeiwache ein Phantombild von ihm. Er war in eine Reihe von Einbrüchen verwickelt. Eines Abends legte ich ihm Handschellen an und brachte ihn auf die Wache. Puh. Ich hatte wirklich Glück, denn wäre er ein guter Kerl gewesen, hätte ich einen Rückfall erlitten.«

Nathalie, 31, Polizistin, Marseille.

»Ich arbeitete für eine Versicherungsgesellschaft, hatte kurze Haare, war glatt rasiert, trug jeden Tag Anzug und Krawatte und hatte mich gerade von einer tollen Frau getrennt, weil ich frei sein wollte. Sie hatte die Trennung sehr schlecht verkraftet. Um mich vollständig von meinem alten Leben zu verabschieden, wollte ich nun alles anders machen. Sonst würde ich bestimmt rückfällig, dessen war ich mir sicher. Also habe ich alles aufgegeben. Heute repariere ich alte Autos. Ich fahre selbst so ein Auto. Ich habe lange Haare, einen Bart und ein rauhes Metier. Ich lebe in einem Wohnwagen, der nach Zigaretten stinkt. Ich bin sicher, dass sie mich nicht besuchen wird, und klopfe auf Holz.«

Simon, 28, Arbeiter auf einem Autoschrottplatz, Le Puy-en-Velay.

»Wenn ich sage, dass ich Epikureer bin und enthaltsam lebe, lachen die Leute mich oft aus. Aber sie täuschen sich. Epikur hat nie gesagt, dass man die Fleischeslust braucht, um glücklich zu sein. Im Gegenteil, er riet zur Vorsicht, und in seinem Denken war Sex nichts absolut Notwendiges. Das Problem mit der Enthaltsamkeit ist, dass man ein Asketenimage hat. Die Leute denken an Religion, Priestergewänder und Keuschheitsgürtel etc. Aber das ist Quatsch. Trage ich ein Priestergewand? (Lacht.) Man kann enthaltsam leben und total cool sein. Man kann enthaltsam leben und Strings tragen. Was ist schlecht daran?«

Terry, 32, Go-Go-Tänzer, Lyon.

Wichtig!

- Halten Sie sich nicht für stärker, als Sie sind.
- Werden Sie nicht weich.
- Kein letzter Kuss.
- Bleiben Sie überzeugt davon, die richtige Entscheidung getroffen zu haben.
- Nehmen Sie Ihr neues Leben in die Hand.
- Passen Sie Ihre neuen sexuellen Begegnungen Ihrer Libido und Ihrem Temperament an.
- Keine Hast.
- Lieben Sie sich selbst!

FAZIT

So oder so: Entweder, Sie sind am Ende dieser Lektüre frei von Ihrer Bindung an die Beziehung, oder es hat nicht funktioniert – oder, noch schlimmer, Sie haben einen Rückfall erlitten.

Dramatisierungen und Schuldgefühle bringen nichts. Das Leben ist eine Aneinanderreihung von Zufällen, Trennungen und Begegnungen. Es ist das Schicksal, und niemand weiß, was morgen kommt.

Stellen Sie das Manifest gut sichtbar in Ihr Bücherregal.

Wie auch immer Ihre gegenwärtige Situation ist: Wir wetten, dass Sie dieses Buch mindestens noch einmal in Ihrem Leben brauchen werden.

Der Kampf geht weiter.

PAARE
ALLER LÄNDER
SPRENGT
EURE KETTEN!